CW00324389

expression
orale

Michèle Barféty
Patricia Beaujouin

niveau **2**

CLE
INTERNATIONAL

Édition : Martine Ollivier
Illustrations : Pascale Collange
                Christine Hautin-Royer

© CLE International/SEJER, 2005
ISBN : 978-2-09-035207-8

Cet ouvrage d'expression orale s'adresse à des apprenants adultes et adolescents totalisant au moins 180 heures de français. Il permet la préparation aux épreuves d'expression orale du DELF de niveau B1. Le niveau de compétence requis correspond au niveau B1 du Cadre européen commun de référence pour les langues.

Ce manuel d'exercices d'entraînement à l'expression orale est accompagné d'un CD contenant tous les documents sonores. Il peut être utilisé en classe, en complément de la méthode de FLE habituelle ou dans tout contexte d'apprentissage impliquant au minimum deux personnes. Les transcriptions des enregistrements et des propositions de corrigés des exercices sont fournies à la fin du recueil.

L'ouvrage se compose de 5 unités de 3 leçons chacune.

• Chaque unité comporte une progression lexicale et syntaxique.

• Chaque leçon comprend trois doubles pages sur un même thème intitulées :
1. Imiter, **2. Interpréter** et **3. S'exprimer**.

Ces trois doubles pages proposent des tâches complémentaires et progressives et nécessitent des stratégies différentes.

• De nombreux visuels servent de point de départ à des activités variées : description, explication, commentaire, interprétation ou discussion.

• Des écoutes servent également de point de départ à certaines activités de production orale. Elles mettent en scène des outils que l'apprenant devra réutiliser lui-même par la suite.

• Des outils communicatifs, lexicaux ou grammaticaux sont proposés sur chaque double page.

• À la fin de chaque unité, un bilan reprenant les principales situations de communication présentées permet à l'apprenant de s'autoévaluer.

• Certaines activités sont prévues pour deux personnes (deux apprenants, ou un enseignant et un apprenant), d'autres peuvent se faire par deux ou en groupe jusqu'à une douzaine d'apprenants.

Chaque leçon comprend trois doubles pages.

• La première double page propose d'« imiter », c'est-à-dire de travailler sur la prosodie : l'intonation et le rythme, dans un contexte de communication donné. Après avoir repéré les outils dans leur contexte, l'apprenant doit les réutiliser en interaction d'abord simple puis plus complexe.

• La deuxième double page propose d'« interpréter », c'est-à-dire de réutiliser ses compétences linguistiques dans des situations interactives voisines de celles de la première partie, mais enrichies par des outils complémentaires.

• La troisième double page propose de « s'exprimer », c'est-à-dire de laisser à chacun une liberté suffisante pour qu'il se sente impliqué dans ses interventions. Les activités proposées sont des discussions à partir de supports divers et des jeux de rôles. La dernière page présente un aspect de la civilisation française et l'utilise comme point de départ d'une conversation.

LES ACTIVITÉS PROPOSÉES

• *Décrivez*

Vous devez donner toutes les informations possibles sur le dessin que vous voyez.

• *Devinez*

À partir des éléments donnés, vous devez trouver le mot qui répond à toutes les propositions. Quand vous avez trouvé la solution, vous devez imaginer, vous aussi, une devinette.

• *Discutez*

Vous devez parler avec les autres apprenants sur le sujet proposé. Pour vous préparer à cette discussion, vous devez d'abord répondre à des questions. Ensuite, vous devez poser des questions aux autres apprenants, leur donner votre avis et discuter avec eux.

• *Donnez la réplique*

Vous devez faire cette activité par deux ou en chaîne pour un petit groupe. Le premier apprenant doit lire la phrase proposée dans l'exercice. Il doit respecter l'intonation de la phrase. Le deuxième apprenant doit imaginer la phrase suivante. En général, on vous demande d'utiliser dans la réponse une structure particulière ou un temps déterminé.

• *Échangez des informations*

L'exercice comporte deux documents. D'abord vous devez compléter votre document. Ensuite vous devez poser des questions à votre partenaire pour pouvoir remplir le second document. Vous devez aussi répondre aux questions de votre partenaire pour lui permettre de faire le même travail.

• *Faites passer la parole*

Vous devez utiliser les modèles proposés pour faire des mini-dialogues de deux ou trois phrases. Vous pouvez travailler en chaîne : le 1er avec le 2e, puis le 2e avec le 3e, etc.

• *Imaginez la situation*

À partir des éléments du dialogue, vous devez imaginer la situation, et éventuellement ce qui s'est passé avant ou ce qui peut arriver après.

• *Informez-vous*

Vous devez préparer des questions et ensuite, les poser aux autres apprenants. Ces questions peuvent porter sur un document oral ou écrit, ou sur des choix personnels. Vous devez aussi répondre aux questions posées par vos partenaires.

• *Interprétez*

Vous devez jouer une scène avec un autre apprenant à partir d'un document donné. Ce document peut être un dessin avec des personnages en situation, ou une bande dessinée muette.

• *Jouez la scène*

Vous devez jouer les dialogues sans les lire. Si vous le pouvez, mettez-vous dans la situation du dialogue : debout, assis, face à face, etc.

• Justifiez vos choix

Ces activités se font toujours à partir d'un ou de plusieurs dessins. Vous devez répondre aux questions posées et chercher sur les dessins les informations qui justifient vos réponses. Vous devez discuter avec les autres apprenants si vous n'êtes pas d'accord avec eux.

• Mettez-vous d'accord

Vous devez discuter avec les autres apprenants pour choisir ensemble une réponse commune aux questions posées.

• Réagissez

Cette activité est proposée à partir d'un dessin. Vous devez expliquer la signification de ce dessin, donner votre avis et discuter avec les autres apprenants.

• Répétez

Vous devez répéter les phrases que vous entendez. Vous devez bien respecter la prononciation, le rythme et les intonations du modèle.

• Répondez

Vous devez répondre aux questions posées sur une écoute.

D'autres activités peuvent être proposées dans une leçon lorsque c'est utile mais ne pas être répétées dans la suite de l'ouvrage.
L'utilisation du signe :* devant un mot signifie que ce mot appartient au langage familier.

SOMMAIRE

■ **OBJECTIFS FONCTIONNELS :** Exprimer son indécision – Demander à quelqu'un de faire un choix – Demander à quelqu'un ce qu'il veut.

■ **OUTILS :** La cause : *parce que, à cause de, grâce à, puisque* – Le choix : *ou, ou bien, soit, ne… ni… ni…*

■ 1 ■ *Répondez.* 🎧 ÉCOUTE 1

1. Quel est le point commun de tous ces dialogues ?
2. Notez les mots ou les phrases qui expriment ce point commun.

....

....

....

....

■ 2 ■ *Répétez.* 🎧 ÉCOUTE 2

Attention à l'intonation !

■ 3 ■ *Imaginez la situation.*

• *Pour chaque mini-dialogue, imaginez la situation, où se passe la scène et qui parle.*

....

....

....

....

• *Discutez avec les autres apprenants pour vous mettre d'accord.*

■ 4 ■ *Jouez la scène.*

• *Jouez les dialogues avec un partenaire en ajoutant des éléments complémentaires.*
• *N'oubliez pas d'utiliser les éléments de l'écoute.*

OUTILS

Exprimer son indécision
• J'hésite. – Je n'arrive pas à me décider.
• Je ne sais pas trop. – Je ne suis pas très sûr/e.
• Je ne sais pas quoi faire / dire / penser…

• Je vais voir. – Je vais réfléchir.
• Euh…, bof…, c'est à dire…
• Je me demande si c'est une bonne idée.

Poser la question
• Alors, tu te décides ? / Vous vous décidez ?
• C'est oui ou c'est non ?
• Tu veux ou tu ne veux pas ?

• Qu'est-ce que tu décides ?
• Tu sais ce que tu veux ?

■ 5 ■ *Faites passer la parole.*

• *Comme dans les exemples, imaginez une situation en trois répliques.*

Exemples : **A** – Tu veux lire ce livre, oui ou non ?
           B – Bof, je ne sais pas trop, je me demande si c'est une bonne idée.
           A – Bon, tu te décides ou je le prête à ma sœur ?

B – Tu vas acheter le pain ou j'y vais?

C – Ben… j'hésite, je n'ai pas beaucoup de temps. Je vais réfléchir.

B – Bon, c'est oui ou c'est non?

■ 6 ■ *Informez-vous.* 🎧 Écoute 3

1. Qu'est-ce qu'il propose?

2. Comment réagit-elle?

3. Que vont-ils faire finalement?

• *Prenez des notes.*

....

....

....

• *Discutez avec les autres apprenants pour contrôler ou compléter vos informations.*

■ 7 ■ *Jouez la scène.*

Mathieu : – Carole! Tu as envie d'aller au cinéma ce soir?

Carole : – Bof!…

OUTILS

Demander à quelqu'un de faire un choix

• Qu'est-ce que tu préfères : le cinéma ou le théâtre? Danser ou chanter?

• Qu'est-ce qui te plaît le plus?

• Qu'est-ce que tu aimes le mieux?

• Entre un gâteau et une glace, qu'est-ce que tu choisis? Choisis!

• Qu'est-ce qui t'intéresse le plus, le sport ou la musique? Courir ou nager?

■ 8 ■ *Échangez des informations.*

• *Remplacez les points d'interrogation (?) par d'autres « choix » possibles.*

• *Posez des questions à votre partenaire sur ses choix (entre deux choses ou entre deux actions) et expliquez-lui les vôtres.*

• *Notez ses choix.*

1er choix	2e choix	Le choix de mon partenaire
?		....
	?	....
?		....
	?	....

1er choix	2e choix	Le choix de mon partenaire
?		....
	?	....
?		....
	?	....

■ **9** ■ *Interprétez.* 🎧 Écoute 4

• *Écoutez le dialogue et répondez aux questions.*

1. Quelle relation y a-t-il entre les deux personnes ?
2. Quel est le sujet de leur conversation ?
3. Quelles propositions fait-elle ?
4. Qu'en pense-t-il ?

• *Prenez des notes.*

....
....
....
....
....
....
....

• *Discutez avec les autres apprenants pour contrôler ou compléter vos informations.*

• *Imaginez la suite du dialogue entre les deux personnes. Notez vos idées.*

....
....
....
....
....
....
....

• *Jouez la scène avec votre partenaire.*

Une femme : – Dis donc, mon Minou, qu'est-ce que tu veux pour ton anniversaire ?
Un homme : – Mon anniversaire ? Ah oui…

OUTILS

Demander à quelqu'un ce qu'il veut
• Qu'est-ce que tu veux ? Qu'est-ce que tu **voudrais** ? – Qu'est-ce que vous **voudriez** ?
• Qu'est-ce que tu **aimerais** ? – Qu'est-ce que vous **aimeriez** ?
• Qu'est-ce qui te **ferait** plaisir ? – Qu'est-ce qui vous **ferait** plaisir ?
• De quoi as-tu envie ? De quoi **aurais**-tu envie ? – De quoi **auriez**-vous envie ?

La cause pour expliquer
Pourquoi est-il fatigué ? Pourquoi es-tu riche ?
• Il est fatigué **parce qu'**il a trop travaillé. Il est fatigué **à cause de** son travail. (cause négative)
• Tu es riche **parce que** tu as gagné au Loto. Tu es riche **grâce au** Loto. (cause positive)

La cause pour argumenter
• **Puisqu'**il est fatigué, il doit aller se coucher.
• **Puisque** tu as gagné au Loto, tu peux arrêter de travailler.

■ 10 ■ *Donnez la réplique.*

• *Un apprenant lit la première phrase.*

• *Le deuxième lui donne la réplique.*

Exemples: **A** – J'ai faim.

B – Tu as faim parce que tu n'as pas mangé ce matin.

ou – Tu as faim à cause de ton régime.

ou – Puisque tu as faim, va t'acheter un croissant.

Premières phrases:

Je vais chez le médecin. – Il fait froid ici. – Je ne comprends pas la leçon. – Tu parles bien français.

• *Imaginez d'autres phrases pour continuer l'exercice.*

■ 11 ■ *Justifiez vos choix.*

• *La famille Lebrun choisit ses futures vacances.*

• *Choisissez un rôle: le père, la mère, le fils, la fille… et vos vacances préférées.*

• *Préparez vos explications et vos arguments.*

. . . .

. . . .

. . . .

. . . .

. . . .

• *Discutez avec les autres apprenants pour vous mettre d'accord.*

■ **12** ■ *Mettez-vous d'accord.*

19 850 €

21 590 €

12 995 €

24 155 €

- *Vous devez acheter une nouvelle voiture, mais vous ne savez pas très bien laquelle choisir.*
- *Quels sont les avantages de chaque voiture ?*

....
....
....
....

- *Quels sont leurs inconvénients ?*

....
....
....
....

- *Discutez avec les autres apprenants pour vous mettre d'accord sur un choix.*

OUTILS

Proposer ou interdire des choix différents
- Pour circuler en ville, tu peux prendre un vélo, une moto **ou/ou bien** une patinette.
- Tu peux voyager, **soit** à pied, **soit** en vélo, **soit** en voiture.
- **Soit** tu sors avec nous, **soit** tu restes à la maison.
- Tu **ne** peux prendre **ni** le bus, **ni** le tramway, **ni** le métro parce qu'ils sont en grève.
- Vous **ne** pouvez **ni** rester ici, **ni** aller chez vos amis.

■ 13 ■ *Informez-vous.*

• *Lisez le texte.*

En voiture !

Le choix d'une voiture est toujours une décision importante pour la famille. Tout le monde donne son avis : le père et la mère bien sûr, mais aussi les enfants, même les plus petits. Ils influencent de plus en plus le choix de leurs parents. En province, presque toutes les familles ont une voiture et beaucoup en ont deux ; une petite, plus pratique pour passer partout en ville, et une plus grande, pour emmener toute la famille en balade. À Paris, il est souvent plus facile d'utiliser les transports en commun.

De nombreux Français veulent une voiture pratique et économique. Les petites voitures bien équipées ont souvent beaucoup de succès.

Il est courant de voir sur les voitures quelques bosses non réparées après un accrochage. Cette négligence montre que l'image de la voiture a peut-être moins d'importance en France que dans d'autres pays d'Europe. ■

• *Préparez des questions sur le texte.*

....

....

....

....

• *Posez vos questions et répondez aux questions des autres apprenants.*

■ 14 ■ *Discutez.*

• *Répondez aux questions pour préparer la discussion.*

• *Donnez votre opinion. Discutez avec les autres apprenants.*

1. Est-il nécessaire aujourd'hui d'avoir une voiture ? Justifiez votre réponse.

....

2. La voiture est-elle encore le moyen de transport de l'avenir ?

....

3. Faut-il faire payer l'entrée des voitures en ville comme c'est le cas dans certaines villes ?

....

4. Pensez-vous que les gens de votre pays conduisent bien ? Et les Français ?

....

■ 15 ■ *Réagissez.*

• *Décrivez le dessin et expliquez la situation.*

• *Qu'en pensez-vous ? Discutez avec les autres apprenants.*

LEÇON 2

FAIRE DES PROJETS

1. Imiter

- ■ **OBJECTIFS FONCTIONNELS :** Parler de ses projets – Émettre des hypothèses.
- ■ **OUTILS :** Le futur simple – La condition avec « si » – L'éducation – Quelques quantités.

■ 1 ■ *Répondez.* 🎧 ÉCOUTE 1
1. Quel est le point commun de tous ces dialogues ?
2. Notez les mots ou les phrases qui expriment ce point commun.

....
....
....

■ 2 ■ *Répétez.* 🎧 ÉCOUTE 2
Attention à l'intonation !

■ 3 ■ *Imaginez la situation.*
• *Pour chaque mini-dialogue, imaginez de quoi ils parlent et la suite de la conversation.*

....
....
....
....
....
....

• *Discutez avec les autres apprenants pour vous mettre d'accord.*

■ 4 ■ *Jouez la scène.*
• *Jouez les dialogues avec un partenaire en ajoutant des éléments complémentaires.*
• *N'oubliez pas d'utiliser les éléments de l'écoute.*

OUTILS

Parler de ses projets
• Je pense / je compte / je compte bien… faire quelque chose.
• J'ai l'intention **de** / j'ai prévu **de**… faire quelque chose.
• Je pense **que**… je ferai quelque chose. Peut-être **que**… je ferai quelque chose.
  (*Je pense que…, peut-être que…* + phrase au futur)

Le futur simple
• **Le radical :** l'infinitif pour les verbes en *-er* et *-ir* ; infinitif sans *-e* pour les verbes en *-re (lire…).*
• **Les terminaisons :** *-ai, -as, -a, -ons, -ez, -ont.*
*Je parlerai, tu partiras, il/elle/on lira, nous chanter**ons**, vous partir**ez**, ils/elles vend**ront**.*
• **Les verbes irréguliers**

Être	Je serai	Vouloir	Je voudrai	Devoir	Je devrai	Voir	Je verrai
Avoir	J'aurai	**Pouvoir**	Je pourrai	**Savoir**	Je saurai	**Envoyer**	J'enverrai
Faire	Je ferai	**Venir**	Je viendrai	**Courir**	Je courrai	**Recevoir**	Je recevrai
Aller	J'irai	**Tenir**	Je tiendrai	**Mourir**	Je mourrai	**Il faut**	**Il faudra**

■ 5 ■ *Faites passer la parole.*

• *Comme dans les exemples, imaginez une situation en trois répliques.*

Exemples : **A** – Qu'est-ce que tu penses faire demain ?
           B – J'ai l'intention d'aller au cinéma. Et toi ?
           A – Peut-être que j'irai à la patinoire avec Lena.

           B – Tu sais ce que tu feras à Noël ?
           C – Je compte aller chez mes parents. Et toi ?
           B – Moi, je pense faire du ski à la montagne.

■ 6 ■ *Informez-vous.* 🎧 ÉCOUTE 3

1. Imaginez quelle est la relation entre les deux personnes.
2. Quels sont leurs projets ?

• *Prenez des notes.*

....
....
....

• *Discutez avec les autres apprenants pour contrôler ou compléter vos informations.*

■ 7 ■ *Jouez la scène.*

Une femme : – Ah enfin, la semaine est finie ! Je suis fatiguée. J'ai l'intention de faire la grasse matinée demain.
Un homme : – Et après, qu'est-ce que…

■ 8 ■ *Échangez des informations.*

• *Notez sur votre fiche ce que vous avez l'intention de faire ces jours-là.*
• *Posez des questions à votre partenaire sur ses intentions.*
• *Répondez à ses questions et notez ses réponses sur sa fiche.*

Ma fiche		La fiche de mon partenaire	
Ce soir :		Ce soir :	
Dimanche prochain :		Dimanche prochain :	
Pendant les vacances :		Pendant les vacances :	
Pour votre anniversaire :		Pour votre anniversaire :	
À Noël :		À Noël :	

■ 9 ■ *Interprétez.*

- *Deux amis font des projets.*
- *Choisissez un rôle, et préparez les questions et les réponses de votre personnage.*

....
....
....
....
....
....

- *Jouez la scène avec votre partenaire.*

OUTILS

La condition avec « si »
- **Si** je suis fatigué demain, je ferai la grasse matinée. (dormir tard le matin)

Pour exprimer une condition dans le futur, on utilise toujours le présent après *si*.
- **Si** j'ai le courage, j'irai faire des courses. **Sinon**, je resterai chez moi.

Sinon = si je n'ai pas le courage.
Si + il = s'il

■ 10 ■ *Imaginez.*

- *Que ferez-vous si… ?*

- *Continuez cette série de phrases (une phrase par apprenant).*

S'il pleut dimanche, j'irai au cinéma.
Si je vais au cinéma, je choisirai un film comique.
Si je choisis un film comique, je rirai beaucoup.
Si je ris beaucoup…

■ 11 ■ *Donnez la réplique.*

• *Un apprenant lit la première phrase.*

• *Le deuxième lui donne la réplique.*

Exemple: **A** – Je vais aller à Paris.

            B – Si tu vas à Paris, tu visiteras la tour Eiffel.

Premières phrases :

On prend la voiture? – Je n'ai pas envie de sortir. – On sort? – Il commence à pleuvoir.

• *Imaginez d'autres phrases pour continuer l'exercice.*

■ 12 ■ *Mettez-vous d'accord.*

• *Vous organisez une grande fête pour l'anniversaire de votre meilleure amie.*

• *Regardez les propositions de cadeaux que vous pouvez lui faire et d'activités que vous pouvez organiser.*

• *Mettez-vous d'accord pour complétez les cases « ? » selon votre choix.*

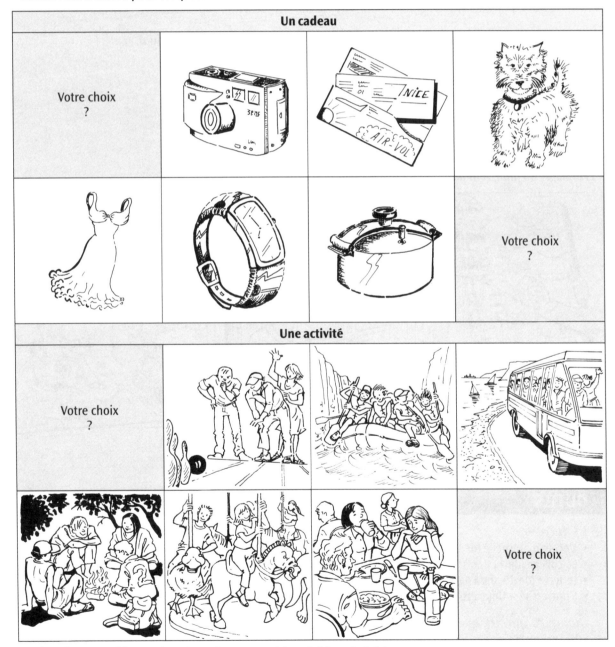

• *Faites des propositions et imaginez si ces propositions lui feront plaisir ou non.*

• *Discutez avec les autres apprenants pour vous mettre d'accord.*

■ **13** ■ *Discutez.*

• *Quels sont vos projets ? À votre avis, que ferez-vous dans dix ans ?*

• *Répondez aux questions pour préparer la discussion.*

1. Dans quel pays vivrez-vous ? Dans une ville, à la campagne, à la montagne, au bord de la mer ?

....

2. Est-ce que vous travaillerez ? Si oui, quelle sera votre profession ?

....

3. Quelle sera votre situation de famille ? Serez-vous marié(e) ? Aurez-vous des enfants ?

....

4. Votre vie sera-t-elle très différente de votre vie d'aujourd'hui ? Expliquez pourquoi.

....

5. À votre avis, qu'est-ce qui sera différent dans le monde dans dix ans ?

....

• *Posez des questions et répondez aux questions des autres apprenants. Discutez.*

■ **14** ■ *Mettez-vous d'accord.*

• *Ces images du futur vous paraissent-elles possibles ?*

• *Discutez avec les autres apprenants pour vous mettre d'accord.*

OUTILS

L'éducation
• L'école maternelle (de 2 ans et demi à 6 ans) et l'école primaire (de 6 ans à 11 ans) – Un(e) élève.
• Le collège (de 11 ans à 15 ans) – Un collégien, une collégienne.
• Le lycée (de 15 ans à 18 ans) – Un lycéen, une lycéenne – Le baccalauréat = le *bac.
• L'université – Un(e) étudiant(e).

Quelques quantités
• **beaucoup de** jeunes = **bien des** jeunes = **de nombreux** jeunes = **pas mal de** jeunes = **des tas de** jeunes.
• **davantage** = plus. Il travaille plus / davantage que toi. Il a plus d'amis / davantage d'amis.
• **suffisamment** = assez. Il parle assez / suffisamment. Il a assez d'argent / suffisamment d'argent.

■ 15 ■ Informez-vous.

• *Lisez le texte.*

Les études sont-elles la clé de la réussite ?

Pour avoir un bon travail, beaucoup de Français pensent aujourd'hui qu'il faut faire de longues études.
Les études sont effectivement très longues si on pense que pas mal d'enfants commencent l'école maternelle entre deux ans et demi et trois ans. À six ans, ils entrent à l'école primaire, puis au collège à onze ans et au lycée à quinze ans. Aujourd'hui, plus de 60 % des jeunes obtiennent le baccalauréat qui leur ouvre les portes de l'université.
L'école est obligatoire jusqu'à seize ans, mais de nombreux jeunes étudient jusqu'à un âge plus avancé, vingt, vingt-deux, vingt-cinq ans, et même parfois davantage. Tous n'entrent pas à l'université ou dans une grande école, mais tous veulent avoir un bon métier et gagner suffisamment d'argent pour bien vivre. Mais faut-il absolument faire de longues études pour avoir un bon métier ? ■

• *Préparez des questions sur le texte.*

....

....

....

....

• *Posez vos questions et répondez aux questions des autres apprenants.*

■ 16 ■ Discutez.

• *Répondez aux questions pour préparer la discussion.*

• *Donnez votre opinion. Discutez avec les autres apprenants.*

1. Comment fonctionne le système scolaire dans votre pays ?

....

2. À votre avis, les années où on fait des études sont-elles un bon moment de la vie ? Pourquoi ?

....

3. Faut-il toujours faire de longues études pour avoir un bon métier ?

....

4. D'après vous, quelle est la définition d'un « bon métier » ?

....

5. Quelle est l'importance du travail dans votre vie ?

....

■ 17 ■ Réagissez.

• *Décrivez le dessin et expliquez la situation.*

• *Qu'en pensez-vous ? Discutez avec les autres apprenants.*

EXPRIMER SON INTÉRÊT

1. Imiter

> ■ **OBJECTIFS FONCTIONNELS :** Exprimer son intérêt et son indifférence – Choisir
>
> ■ **OUTILS :** La phrase exclamative – Les adjectifs et pronoms interrogatifs : *quel ? lequel ?* – *N'importe qui / où / quand / quoi / lequel* – L'imparfait d'habitude.

■ 1 ■ *Répondez.* 🎧 ÉCOUTE 1

1. Quel est le sentiment commun exprimé dans tous ces dialogues ?
2. Notez les mots ou les phrases qui expriment ce point commun.

....

....

....

■ 2 ■ *Répétez.* 🎧 ÉCOUTE 2

Attention à l'intonation !

■ 3 ■ *Imaginez la situation.*

• *Pour chaque mini-dialogue, imaginez de quoi ils parlent et le début de leur conversation.*

....

....

....

....

....

• *Discutez avec les autres apprenants pour vous mettre d'accord.*

■ 4 ■ *Jouez la scène.*

• *Jouez les dialogues avec un partenaire en ajoutant des éléments complémentaires.*
• *N'oubliez pas d'utiliser les éléments de l'écoute.*

OUTILS

Exprimer son intérêt

Comme = que = *ce que = *qu'est-ce que + phrase exclamative
• Comme vous êtes intelligent !
• Qu'il est courageux !
• *Ce qu'elle est gentille !
• *Qu'est-ce qu'elle est gentille !

Quel + nom
• Quel courage ! Quelle intelligence ! Quels amis extraordinaires ! Quelles jolies petites filles !

■ 5 ■ *Faites passer la parole.*

• *Comme dans les exemples, imaginez une situation en trois répliques.*

Exemples : **A** – Regarde la voiture rouge là-bas, elle est à moi.
  B – Quelle belle voiture !
  A – Oui, et *qu'est-ce qu'elle est pratique ! Je peux me garer partout avec elle.

B – Comme tu es bien habillé! Où tu vas?
C – Au mariage de mon cousin. Et tu as vu quelle belle cravate j'ai mise?
B – Magnifique, elle te va très bien!

■ **6** ■ *Informez-vous.* 🎧 Écoute 3

1. Pourquoi les deux personnes se préparent-elles?
2. Qu'est-ce que la femme va mettre?
3. Qu'est-ce que l'homme va porter?

• *Prenez des notes.*

....

....

....

• *Discutez avec les autres apprenants pour contrôler ou compléter vos informations.*

■ **7** ■ *Jouez la scène.*

Un homme : – Marielle, quelle robe vas-tu mettre ce soir?
Marielle : – Je ne sais pas... Laquelle...

OUTILS

Choisir – Adjectifs et pronoms interrogatifs
• **Quel** livre préfères-tu? = **Lequel** préfères-tu?
• **Quels** livres aimes-tu? = **Lesquels** aimes-tu?
• **Quelle** voiture veux-tu? = **Laquelle** veux-tu?
• **Quelles** filles invites-tu? = **Lesquelles** invites-tu?

■ **8** ■ *Échangez des informations.*

• *Complétez les propositions à faire à votre partenaire.*
• *Posez-lui des questions sur ses choix et répondez à ses questions.*
• *Notez ses réponses sur sa fiche.*

Vos propositions	Le choix de votre partenaire
Vos boissons préférées	....
Vos plats préférés	....
Vos acteurs et actrices préférés	....
Vos villes préférées	....
Vos activités de loisir préférées	....

■ 9 ■ *Mettez-vous d'accord.*

• *Regardez ces images. 8 vêtements ou paires de chaussures appartiennent à Xavier, 8 appartiennent à Louis.*

• *Lesquels appartiennent à Xavier? Lesquels appartiennent à Louis?*

• *Discutez avec les autres apprenants pour vous mettre d'accord.*

■ 10 ■ *Interprétez.* 🎧 Écoute 4

• *Écoutez le dialogue et répondez aux questions.*

1. Qu'est-ce que Sarah et Florent vont faire cet après-midi? Qui décide?

2. Quelles expressions expriment l'indifférence?

• *Prenez des notes.*

....

....

....

....

• *Discutez avec les autres apprenants pour contrôler ou compléter vos informations.*

• *Imaginez une suite à ce dialogue. Notez vos idées.*

....

....

....

....

....

• *Jouez la scène avec votre partenaire.*

Sarah : – Allô, Florent?

Florent : – Oui, salut Sarah.

Exprimer son indifférence
- En général :
  Ça m'est égal = je m'en moque = je m'en *fiche = peu importe.
- En réponse à des questions précises :
  Qui ? – **N'importe qui.**   Où ? – **N'importe où.**
  Quand ? – **N'importe quand.**   Quoi ? – **N'importe quoi.**
  Lequel / laquelle / lesquels / lesquelles ? – **N'importe lequel / laquelle / lesquels / lesquelles.**

■ 11 ■ *Donnez la réplique.*

- *Un apprenant lit la première phrase.*
- *Le deuxième lui donne la réplique.*

Exemple : **A** – Où veux-tu aller ?
              B – N'importe où.

Premières phrases :
Qu'est-ce qu'on va faire ? – On part quand ? – On joue aux cartes ? – Qu'est-ce que vous voulez boire ?
- *Imaginez d'autres phrases pour continuer l'exercice.*

■ 12 ■ *Interprétez.*

- *Ils font des travaux dans leur appartement.*
- *Choisissez un rôle.*
- *Préparez les questions et les réponses de votre personnage.*

....
....
....
....
....
....
....
....

- *Jouez la scène avec votre partenaire.*

■ 13 ■ *Mettez-vous d'accord.*

• *Remettez les images dans l'ordre pour comprendre l'histoire.*

• *Discutez avec les autres apprenants pour vous mettre d'accord.*

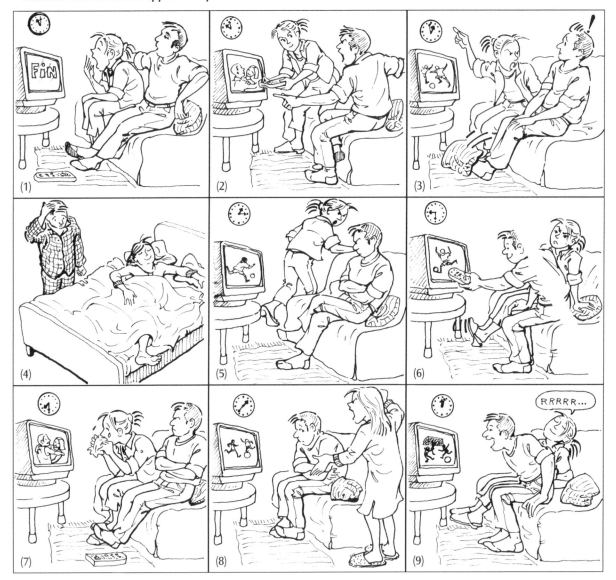

• *Imaginez le dialogue entre les deux personnes.*

• *Jouez la scène.*

OUTILS

L'imparfait

• **Le radical :** le présent avec *nous* : nous parlons, finissons, sortons, vendons, lisons, avons, faisons…

• **Les terminaisons :** *-ais, -ais, -ait, -ions, -iez, -aient.*

Je parlais, tu finissais, il/elle/on vendait, nous lisions, vous aviez, ils/elles faisaient.

• **Exception :** Être : *J'étais, tu étais, il/elle/on était, nous étions, vous étiez, ils/elles étaient.*

• On utilise l'imparfait pour parler d'actions habituelles dans le passé.

■ 14 ■ *Informez-vous.* 🎧 Écoute 5

• *Écoutez le document : « Qui décide à la maison ? ».*

• *Préparez des questions sur le dialogue.*

....

....

....

....

....

....

• *Posez vos questions et répondez aux questions des autres apprenants.*

■ 15 ■ *Discutez.*

• *Répondez aux questions pour préparer la discussion.*

• *Donnez votre opinion. Discutez avec les autres apprenants.*

1. Dans votre pays, qui prend généralement les décisions importantes dans la famille ?

....

2. Dans quels domaines les femmes prennent-elles le plus souvent les décisions ?

....

3. Dans quels domaines les hommes prennent-ils le plus souvent les décisions ?

....

4. Est-ce plus facile de décider seul ou de décider à deux ?

....

5. Pensez-vous que, dans un couple, il faut tout décider ensemble ?

....

6. Est-ce que, comme en France, la situation de vos grands-parents était différente de la situation actuelle ?

....

7. Aimez-vous prendre des décisions ? Pourquoi ?

....

■ 16 ■ *Réagissez.*

• *Décrivez le dessin et expliquez la situation.*

• *Qu'en pensez-vous ? Discutez avec les autres apprenants.*

Posez la question ou donnez la réplique.

Vous devez, pour chaque phrase, donner une ou plusieurs répliques différentes.
Attention, vous ne devez pas utiliser les mêmes réponses pour différentes phrases.

Posez la question.

1. « .... »

2. « .... »

3. « .... »
   « Entre le cinéma et le théâtre ? Le théâtre bien sûr ! »

4. « .... »

5. « .... »

6. « .... »
   « J'aimerais aller à la piscine. »

7. « .... »

8. « .... »
   « Je préfère ce livre-là. »

9. « .... »

10. « .... »
    « Je vais mettre ce pantalon noir. »

Donnez la réplique.

« Bon alors, c'est oui ou c'est non ? »

11. « .... »

12. « .... »

13. « .... »

14. « .... »

« Marianne a réussi son examen ? »

15. « Oui, elle a réussi parce que .... »

16. « Oui, elle a réussi .... »

17. « Puisque .... »

« On a le choix ? On peut jouer au football, regarder la télévision ou faire des crêpes ? »

18. « Oui, ... »

19. « Non, ... »

« Tu penses faire des études à l'université ? »

20. « Oui, ... »

21. « Oui, ... »

22. « Oui, ... »

23. « Oui, ... »

« Qu'est-ce que tu feras l'année prochaine? »

24. « .... »

25. « .... »

26. « .... »

« Qu'est-ce que tu feras s'il pleut demain? »

27. « .... »

28. « .... »

29. « .... »

« Est-ce que beaucoup de jeunes font des études en France? »

30. « Oui, ... »

31. « Oui, ... »

32. « Oui, ... »

« François parle plus que toi? »

33. « Oui, ... »

34. « Oui, ... »

« Tu veux boire un thé ou un café? »

35. « Ça m'est égal, ... »

« Tu veux aller à la plage ou à la montagne? »

36. « .... »

« Qu'est-ce que tu faisais le week-end quand tu étais petit(e)? »

37. « .... »

38. « .... »

39. « .... »

40. « .... »

COMPTEZ VOS POINTS

Vous avez **plus de 30 points** : BRAVO! C'est très bien. Vous pouvez passer à l'unité suivante.

Vous avez **plus de 20 points** : C'est bien, mais regardez vos erreurs, cherchez les réponses possibles dans les leçons et refaites le test. Ensuite, passez à l'unité suivante.

Vous avez **moins de 20 points** : Vous n'avez pas bien mémorisé cette unité, reprenez-la complètement (avec les corrigés), puis recommencez l'autoévaluation. Bon courage!

TÉMOIGNER

> ■ **OBJECTIF FONCTIONNEL :** Montrer son intérêt dans la conversation – Encourager quelqu'un à continuer son récit – Parler de faits passés.
>
> ■ **OUTILS :** Les indications temporelles : *il y a, depuis, dans* – Un accident – Passé composé et imparfait – Faits divers – L'enquête.

■ 1 ■ *Répondez.* 🎧 ÉCOUTE 1

1. Quel est le point commun de tous ces dialogues ?
2. Notez les mots ou les phrases qui expriment ce point commun.

....

....

....

....

■ 2 ■ *Répétez.* 🎧 ÉCOUTE 2

Attention à l'intonation !

■ 3 ■ *Imaginez la situation.*

• *Pour chaque mini-dialogue, imaginez la situation.*

....

....

....

....

• *Discutez avec les autres apprenants pour vous mettre d'accord.*

■ 4 ■ *Jouez la scène.*

• *Jouez les dialogues avec un partenaire en ajoutant des éléments complémentaires.*
• *N'oubliez pas d'utiliser les éléments de l'écoute.*

OUTILS

Encourager quelqu'un à continuer son récit
• En demandant ce qui s'est passé après :
  – Et alors ?   – Et après ?   – Et qu'est-ce que tu as fait / dit / répondu ?
• En demandant une confirmation ou une explication :
  – Vraiment ?   – C'est vrai ?   – Sérieusement ?   – Non ! Tu es sûr ?
  Répétition du dernier mot ou de la dernière phrase sur un ton interrogatif.
  Exemple : – Sophie est à Paris.   – À Paris ?

■ 5 ■ *Faites passer la parole.*

• *Comme dans les exemples, imaginez une situation en trois répliques.*

Exemples : **A** – Jérémie a acheté une voiture.
         B – Une voiture ?
         A – Oui. Il en avait assez de faire du vélo.

28 ● **UNITÉ 2 - *Raconter ses expériences***

B – Mélanie a réussi son examen.
C – Vraiment?
B – Oui, elle a 18 sur 20.

■ 6 ■ *Informez-vous.* 🎧 Écoute 3

1. Qu'est-ce qui est arrivé à Sonia?
2. Qu'est-ce que l'on sait d'autre à propos de sa santé?
3. Quelles indications de temps entendez-vous? À quelles actions correspondent-elles?

• *Prenez des notes.*

....
....
....
....

• *Discutez avec les autres apprenants pour contrôler ou compléter vos informations.*

■ 7 ■ *Jouez la scène.*

Un homme : – Tu connais Sonia?
Une femme : – Oui, pourquoi?

OUTILS

Les indications temporelles

• Situer une action dans le futur : **dans** → Il partira **dans** deux jours.
• Situer une action dans le passé : **il y a** → Il est parti **il y a** trois mois.
• Situer le début d'une action dans le passé et dire qu'elle continue dans le présent : **depuis**.
   Il habite à Paris **depuis** six ans. Il habite à Paris **depuis** le 1er janvier 2000.
   (Verbe au présent : l'action commencée dans le passé continue dans le présent)
   Il est parti **depuis** six ans. Il est parti depuis le 1er janvier 2000.
   (Verbe au passé composé : c'est le résultat de l'action qui continue jusque dans le présent.).

Un accident

Avoir un accident – Faire une chute = tomber – Se casser *le* bras / *la* jambe – Être blessé – Avoir mal = souffrir – Aller à l'hôpital en ambulance – Faire des radios.

■ 8 ■ *Échangez des informations.*

• *Complétez votre programme avec vos activités du mois et les dates correspondantes.*

• *Racontez à votre partenaire ce que vous avez fait, ce que vous faites, ce que vous ferez. Situez ces activités dans le temps en utilisant « depuis », « il y a » et « dans ».*

• *Notez le programme de votre partenaire.*

Mon programme du mois		Le programme de mon partenaire	
Quand?	**Quoi?**	**Quand?**	**Quoi?**
....	....	....	....
....	....	....	....
....	....	....	....
En ce moment	J'étudie le français.	En ce moment	J'étudie le français.
....	....	....	....
....	....	....	....

■ **9** ■ *Racontez.*

• *Vous étiez dans la banque au moment du cambriolage.*

• *Choisissez un rôle : un client ou l'employé.*

• *Préparez votre récit.*

....

....

....

....

....

• *Racontez ensemble ce qui s'est passé, ce que vous avez vu et entendu.*

OUTILS

Passé composé et imparfait

• **Le passé composé :** pour les évènements montrés comme finis, les actions dont on connaît la durée.
• **L'imparfait :** pour les actions habituelles, les descriptions, les situations, les circonstances.
Exemple : Chaque matin il **allait** *(habitude)* au bureau à pied. Ce jour-là, le ciel **était** *(description)* nuageux, il **pleuvait** *(situation)*. Il **a pris** *(action)* sa voiture mais il **est tombé** *(action)* en panne. Il n'**avait** *(situation)* plus d'essence.

Faits divers

• Un cambriolage : un cambrioleur a cambriolé la banque. – Un vol : un voleur a volé une voiture.
• Un assassinat : un assassin a assassiné sa victime = il a tué quelqu'un, c'est un crime.
• La police (les policiers) fait une enquête = enquêter.
• Un témoignage : le témoin témoigne = la personne qui a vu quelque chose raconte ce qu'elle a vu.

■ 10 ■ *Donnez la réplique.*

• *Un apprenant lit la première phrase.*

• *Le deuxième lui donne la réplique en utilisant des verbes au passé composé et à l'imparfait.*

Exemple : **A** – Il faisait froid hier.

          B – Oui, mais il faisait beau. Je suis allé courir au bord de la mer.

Premières phrases :

Qu'est-ce que tu as fait ce week-end ? – Il y avait un bon film à la *télé hier soir. – Tu as bu un café ce matin ?

• *Imaginez d'autres phrases pour continuer l'exercice.*

■ 11 ■ *Interprétez.* 🎧 ÉCOUTE 4

• *Écoutez le dialogue et répondez aux questions.*

1. Qui sont les deux personnes qui parlent ?
2. De quoi parlent-elles ?
3. Qu'est-ce que l'homme a vu ?

• *Prenez des notes.*

....
....
....
....
....

• *Discutez avec les autres apprenants pour contrôler ou compléter vos informations.*

• *Imaginez une suite à ce dialogue. Notez vos idées.*

....
....
....
....
....
....

• *Jouez la scène avec votre partenaire.*

Le policier : – Bonjour monsieur, police. Vous avez vu ce qui s'est passé ?
Le témoin : – Oui, je suis témoin, j'ai tout vu. …

■ 12 ■ *Mettez-vous d'accord.*

• *Vous avez été le témoin de cette scène. Crime ou suicide ? Choisissez votre version des faits.*

• *Expliquez ce que vous avez vu et discutez avec les autres témoins.*

■ **13** ■ *Mettez-vous d'accord.*

« Le riche industriel Fabien Abrial a été tué chez lui dans la nuit de lundi à mardi »

La police enquête.

Jules devait 20 000 euros à Fabien.

Hier, Fabien lui a demandé son argent mais Jules lui a dit qu'il ne pouvait pas le rembourser. Au contraire, il lui a demandé 10 000 euros de plus. Fabien a refusé de lui prêter cet argent.

Jules
Un ami de Fabien.

Virginie pensait que son mari était amoureux de Coralie.

Hier, Virginie et Fabien ont eu une violente dispute. Fabien a dit à sa femme qu'elle était trop jalouse et qu'il ne pouvait plus le supporter.

Virginie
La femme de Fabien

Coralie était amoureuse de Fabien.

Hier Fabien et Coralie se sont disputés parce que Fabien refusait de quitter sa femme. Il a dit à Coralie qu'il était encore amoureux de Virginie. Coralie est partie très en colère.

Coralie
Une amie de Virginie

Simon était jaloux de Fabien.

Au contraire de Fabien, Simon n'a rien réussi dans la vie. Hier il est venu voir son frère pour lui demander un travail dans son entreprise. Fabien a refusé, ils se sont disputés.

Simon
Le frère de Fabien

- *Qui a tué Fabien Abrial ?*
- *Choisissez votre coupable. Imaginez les preuves de sa culpabilité et les alibis des autres suspects.*
- *Discutez avec les autres apprenants pour vous mettre d'accord.*

OUTILS

L'enquête
- La police enquête sur le crime pour arrêter le coupable (une arrestation). – Coupable ≠ innocent.
- Elle interroge les suspects. Elle cherche des preuves de leur culpabilité. Les suspects ont un alibi.

■ 14 ■ *Informez-vous.*

• *Lisez le texte.*

> ### Le plus célèbre policier de France
>
> Les crimes, les cambriolages, les assassinats, les vols, voilà des sujets qui intéressent les Français. On en parle bien sûr à la une des journaux, dans les pages « faits divers » des magazines et aux informations télévisées que la majorité des Français regardent chaque soir à 20 heures.
>
> Mais la réalité ne suffit pas. La littérature, le cinéma et la télévision ont créé de nombreuses histoires policières. Le policier le plus connu des Français est sans doute le commissaire Maigret. Âgé d'une cinquantaine d'années, marié, sans enfants, il aime la bonne cuisine préparée par sa femme et sa pipe ne le
>
> quitte jamais. Il est bien sûr un excellent policier, intelligent et efficace, capable de découvrir et d'arrêter tous les malfaiteurs.
> Il est le héros d'une centaine de livres imaginés par l'écrivain belge Georges Simenon qui passionnent depuis plusieurs dizaines d'années les amateurs de romans policiers. ■

• *Préparez des questions sur le texte.*

....

....

....

....

• *Posez vos questions et répondez aux questions des autres apprenants.*

■ 15 ■ *Discutez.*

• *Répondez aux questions pour préparer la discussion.*

• *Donnez votre opinion. Discutez avec les autres apprenants.*

1. Vous intéressez-vous aux affaires policières dans votre pays ? Pourquoi ?

....

2. Connaissez-vous des séries policières télévisées ? Lesquelles ?

....

3. Lesquelles préférez-vous ? Pourquoi ?

....

4. Aimez-vous les romans policiers ? Qu'est-ce que vous aimez ou n'aimez pas dans ces livres ?

....

■ 16 ■ *Réagissez.*

• *Décrivez le dessin et expliquez la situation.*

• *Qu'en pensez-vous ? Discutez avec les autres apprenants.*

LEÇON 2

PARLER DES CHOSES ET DES GENS

1. Imiter

> ■ **Objectif fonctionnel :** Attirer l'attention de la personne à qui on parle – Donner les précisions.
>
> ■ **Outils :** Les pronoms relatifs *qui, que, dont, où* – Le pronom démonstratif avec une relative : *celui qui, celle que…* – Les bijoux – Ressemblance.

■ 1 ■ *Répondez.* 🎧 Écoute 1

1. Quel est le point commun de tous ces dialogues?
2. Notez les mots qui expriment ce point commun.

....
....

■ 2 ■ *Répétez.* 🎧 Écoute 2

Attention à l'intonation !

■ 3 ■ *Imaginez la situation.*

• *Pour chaque mini-dialogue, imaginez la situation.*

....
....
....
....

• *Discutez avec les autres apprenants pour vous mettre d'accord.*

■ 4 ■ *Jouez la scène.*

• *Jouez les dialogues avec un partenaire en ajoutant des éléments complémentaires.*
• *N'oubliez pas d'utiliser les éléments de l'écoute.*

OUTILS

Attirer l'attention de la personne à qui on parle

• Tiens ! / Tenez !
• Écoute ! / Écoutez !

• Dis ! / Dites – Dis donc ! / Dites donc
• Tu sais, … / Vous savez, …

■ 5 ■ *Faites passer la parole.*

• *Comme dans l'exemple, imaginez une situation en deux répliques.*
Exemple : **A** – Tiens ! J'ai deux billets pour le match de samedi. Ça t'intéresse ?
    B – Bien sûr, on se retrouve à quelle heure ?

■ 6 ■ *Informez-vous.* 🎧 Écoute 3

Qu'est-ce qui est intéressant dans le village de Saint-Guilhem ?

• *Prenez des notes.*

....
....

• *Discutez avec les autres apprenants pour contrôler ou compléter vos informations.*

■ **7** ■ *Jouez la scène.*

Une femme : – Dis donc, mes amis parisiens viennent me voir ce week-end. Tu connais un endroit sympathique où je peux aller avec eux ?

Un homme : – Oui, bien sûr. pourquoi tu …

OUTILS

Les pronoms relatifs

• Je connais une ville **qui** est au bord d'une rivière.	**Cette ville** est au bord de la rivière. (*qui* = sujet)
• Je connais une ville **que** les touristes adorent.	Les touristes adorent **cette ville**. (*que* = COD)
• Je connais une ville **où** il y a une belle église.	Il y a une belle église **dans cette ville**. (*où* = lieu)
• Je connais une ville **dont** les habitants sont gentils.	Les habitants **de cette ville**/Ses habitants.
• Je connais une ville **dont** tu souviendras.	Tu te souviendras **de cette ville**. (*dont* = de qqch.)

Autres verbes : parler de qqch./de qqn, rêver de, avoir besoin de, avoir envie de, avoir peur de, se servir de, être content/désolé/satisfait/amoureux… de…

■ **8** ■ *Devinez*

• *Lisez cette devinette.*

C'est un lieu **qui** reçoit beaucoup de monde l'été.
C'est un lieu **dont** on rêve pendant l'hiver.
C'est un lieu **où** on va surtout quand il fait chaud.
C'est un lieu **que** les enfants aiment beaucoup.
C'est un lieu **où** on fait des châteaux.

• *Qu'est-ce que c'est ?*

■ **9** ■ *Échangez des informations.*

• *Choisissez une ville, un lieu, un objet ou une personne, et complétez une fiche avec deux devinettes.*

• *Lisez vos devinettes à votre partenaire.*

• *Cherchez la solutions de ses devinettes et notez-les sur votre deuxième fiche.*

C'est une ville, un lieu, un objet, une personne	C'est une ville, un lieu, un objet, une personne
....	....

C'est une ville, un lieu, un objet, une personne	C'est une ville, un lieu, un objet, une personne
....	....

■ **10** ■ *Interprétez.* 🎧 Écoute 4

• *Écoutez le dialogue et répondez aux questions.*

1. De quel objet les deux femmes parlent-elles?
2. Pourquoi Aurélie aime-t-elle particulièrement cet objet?
3. Quels sont les sentiments de Sandra quand elle regarde ses souvenirs?

• *Prenez des notes.*

....
....
....

• *Discutez avec les autres apprenants pour contrôler ou compléter vos informations.*

• *Imaginez la suite du dialogue entre les deux personnes. Notez vos idées.*

....
....
....
....
....
....

• *Jouez la scène avec votre partenaire.*

Sandra : – Tiens, il est nouveau ce bracelet, Aurélie?
Aurélie : – Pas du tout, …

OUTILS

Le pronom démonstratif avec une relative
Je veux un livre, …
• **celui qui** est sur la table, **celui que** je t'ai prêté, **celui dont** tu m'as parlé, **celui où** j'ai lu ce joli poème.

celui remplace un nom masculin singulier	**celle** remplace un nom féminin singulier
ceux remplace un nom masculin pluriel	**celles** remplace un nom féminin pluriel

Les bijoux
• Un bracelet au bras – Un chaîne ou un collier autour du cou – Une bague au doigt – Des boucles d'oreille aux oreilles.

■ **11** ■ *Donnez la réplique.*

• *Un apprenant lit la première phrase avec l'intonation correcte.*

• *Le deuxième lui donne la réplique en utilisant un démonstratif accompagné d'une relative.*

Exemple : **A** – Julie a perdu son parapluie.
            B – Ah bon? Celui qu'elle a acheté hier.

Premières phrases :
Tu as vu ma montre? – Tu connais ces filles? – Tu me prêtes ton stylo? – Je voudrais des oranges.

• *Imaginez d'autres phrases pour continuer l'exercice.*

■ 12 ■ *Interprétez.*

• *Observez la vitrine de ce magasin.*

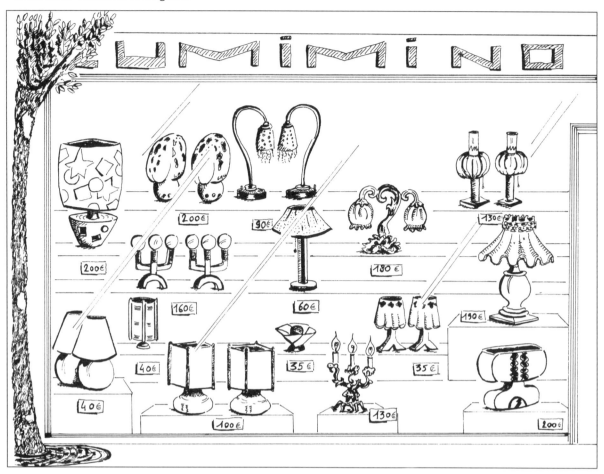

• *Vous voulez acheter une lampe pour votre chambre.*

• *Vous discutez avec votre ami/e pour choisir celle qui ira le mieux chez vous. Vous n'êtes pas toujours d'accord.*

• *Jouez la scène.*

■ 13 ■ *Discutez.*

• *Posez des questions aux autres apprenants sur leurs goûts.*

• *Répondez à leurs questions en utilisant un pronom démonstratif accompagné d'une relative.*

Exemples : **A** – Quel genre de voitures préférez-vous ?

       B – Celles qui roulent vite.

   ou **C** – Celles qu'on voit dans les films de science-fiction.

   ou **D** – Celles dont les sièges sont très confortables.

   ou **E** – Celles où on peut dormir.

• *Autres questions.*

– Quel genre de livres lisez-vous ?

– Quel genre de vêtements portez-vous ?

– Quel genre de filles aimez-vous avoir pour amies ?

• *Préparez d'autres questions.*

....

....

....

....

....

■ **14** ■ *Mettez-vous d'accord.*

• *Damien, Olivia et Nicolas ont chacun quatre frères et sœurs.*

• *Retrouvez les quatre frères et sœurs de Damien, ceux d'Olivia et ceux de Nicolas. Justifiez vos choix.*

• *Discutez avec les autres étudiants pour vous mettre d'accord.*

OUTILS

Ressemblance

• Alain **ressemble à** Marie. Alain et Marie **se ressemblent**.

• François a **le même** nez que son frère, **la même** bouche, **les mêmes** yeux…

• Il marche **comme** son frère. Il se tient **comme** lui. Ils ont l'air d'être frère et sœur.

■ 15 ■ Informez-vous.

• *Lisez le texte.*

La généalogie, une nouvelle mode

De plus en plus, les Français se passionnent pour la généalogie. Découvrir l'histoire de sa famille, savoir qui étaient ses grands-parents, où ils habitaient, comment ils vivaient, quel métier ils faisaient, voilà une recherche qui devient très à la mode.

Les passionnés essaient de remonter loin dans le passé pour découvrir leurs origines et dessiner un arbre généalogique le plus complet possible. Certains recherchent dans leur passé pour mieux se connaître, pour sentir qu'ils appartiennent à une famille, à un pays, à une culture. D'autres espèrent secrètement trouver dans leur famille un personnage célèbre.

Avec la généalogie, on peut aussi découvrir de lointains cousins qu'on ne connaît pas. Certaines familles organisent de grandes réunions où tous les gens qui portent le même nom se rencontrent, font connaissance et se racontent leurs vies et leurs souvenirs. Voilà un bon moyen d'agrandir sa famille. ■

• *Préparez des questions sur le texte.*

....

....

....

....

• *Posez vos questions et répondez aux questions des autres apprenants.*

■ 16 ■ Discutez.

• *Répondez aux questions pour préparer la discussion.*

• *Donnez votre opinion. Discutez avec les autres apprenants.*

1. Connaissez-vous les noms, prénoms et professions de vos quatre grands-parents?

....

2. Est-ce que c'est important de connaître l'histoire de sa famille? Pourquoi?

....

3. Est-ce que les gens s'intéressent à la généalogie dans votre pays?

....

4. Qu'est-ce que vous aimeriez trouver dans votre arbre généalogique?

....

■ 17 ■ Réagissez.

• *Décrivez le dessin et expliquez la situation.*

• *Qu'en pensez-vous? Discutez avec les autres apprenants.*

 **LEÇON 3**

RAPPORTER UNE CONVERSATION *1. Imiter*

■ **OBJECTIF FONCTIONNEL :** Demander un renseignement – Rapporter des informations.

■ **OUTILS :** Le style indirect – Le style indirect au passé – Quelques verbes introducteurs.

■ 1 ■ *Répondez.* 🎧 ÉCOUTE 1

1. Quel est le point commun de tous ces dialogues ?
2. Notez les expressions qui expriment ce point commun.

....
....
....
....

■ 2 ■ *Répétez.* 🎧 ÉCOUTE 2

Attention à l'intonation !

■ 3 ■ *Imaginez la situation.*

• *Pour chaque mini-dialogue, imaginez la situation.*

....
....
....
....

• *Discutez avec les autres apprenants pour vous mettre d'accord.*

■ 4 ■ *Jouez la scène.*

• *Jouez les dialogues avec un partenaire en ajoutant des éléments complémentaires.*
• *N'oubliez pas d'utiliser les éléments de l'écoute.*

OUTILS

Demander un renseignement

• Vous savez… / Vous ne savez pas…
  Je voudrais savoir…
  J'aimerais savoir…   } … où est la tour Eiffel, s'il vous plaît ?
  Pouvez-vous me dire… / Pourriez-vous me dire…
  Je peux vous demander…

• Je peux vous poser une question ?
  Je peux vous demander quelque chose ?   } « Où est la tour Eiffel, s'il vous plaît ? »
  Vous pouvez me donner un renseignement ?

■ 5 ■ *Faites passer la parole.*

• *Comme dans l'exemple, imaginez une situation en trois répliques.*

Exemple : **A** – Pourriez-vous me dire où sont les toilettes, s'il vous plaît ?
             B – Dans le couloir à droite, la deuxième porte à gauche.
             A – Merci beaucoup.

▪ 6 ▪ *Informez-vous.* 🎧 Écoute 3

1. Quel est le problème de ces deux personnes?
2. Qu'est-ce que Mme Maté dit à propos de son mari?
3. Notez les phrases utilisées pour répéter quelque chose.

• *Prenez des notes.*

....
....
....
....
....

• *Discutez avec les autres apprenants pour contrôler ou compléter vos informations.*

▪ 7 ▪ *Jouez la scène.*

M. Bouillon: – Bonjour, madame Maté. Mais… qu'est-ce que vous faites ici?
Mme Maté: – Ah, monsieur Bouillon! Qu'est-ce que…

OUTILS

Le style indirect
On l'utilise pour répéter les paroles de quelqu'un à une autre personne.

• Elle dit: « Il est malade. »	→ Elle dit **qu**'il est malade. (*que* + phrase)
• Elle dit: « Faites attention! »	→ Elle dit **de** faire attention. (*de* + infinitif)
• Il demande: « **Est-ce que** tout va bien? »	→ Il demande **si** tout va bien. (*si* + phrase/sujet + verbe)
• Il demande: « **Qu'est-ce qu**'il a? »	→ Il demande **ce qu**'il a. (*ce que* + phrase/sujet + verbe)
• Il demande: « **Pourquoi** est-il malade? »	→ Il demande **pourquoi** il est malade.
« **Où** a-t-il mal? »	→ **où** il a mal.
« **Quand** est-il tombé malade? » →	**quand** il est tombé malade.
« **Pourquoi, comment, qui**…	→ (mot interrogatif + phrase [sujet + verbe])

▪ 8 ▪ *Échangez des informations.*

• *Complétez la lettre de votre amie et racontez à votre partenaire ce qu'elle dit.*
• *Notez les informations de la lettre de votre partenaire sur l'autre fiche.*

Cher ....
Je suis en vacances   la montagne
et il fait un temps magnifique.
Est-ce qu il fait beau chez toi aussi?
Ce matin
....
....
....
....
Je t embrasse, Patricia.

Elle dit qu'elle est en vacances
à la montagne et qu'il ....
....
Elle demande ....
....
....
....
....
....
....
....

■ 9 ■ *Interprétez.*

• *Que disent-ils ?*

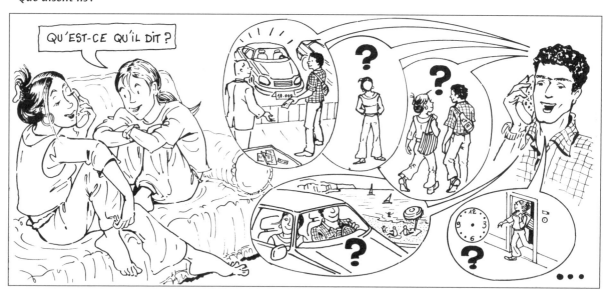

• *Choisissez un rôle dans la première image. La jeune fille au téléphone répond aux questions de son amie.*

• *Changez de rôle pour la deuxième image et faites le même exercice.*

■ 10 ■ *Donnez la réplique.*

Dialogue de sourds à trois personnages.

• *Un apprenant dit une phrase.*

• *Le deuxième demande : « Qu'est-ce qu'il dit ? » ou « Qu'est-ce qu'il demande ? »*

• *Le troisième répète la phrase au style indirect.*

Exemple : **A** – Qu'est-ce que tu as fait hier ?
          B – Qu'est-ce qu'il me demande ?
          C – Il te demande ce que tu as fait hier.

• *Imaginez d'autres phrases pour continuer l'exercice.*

■ 11 ■ *Interprétez.* 🎧 Écoute 4

• *Écoutez le dialogue et répondez aux questions.*

1. De quoi parlent les deux hommes?
2. Qu'est-ce que le directeur a dit à Daniel?
3. Qu'est-ce qu'il a dit à Lucas?

• *Prenez des notes.*

....
....
....
....

• *Discutez avec les autres apprenants pour contrôler ou compléter vos informations.*

• *Imaginez la suite du dialogue entre les deux personnes.*

• *Notez vos idées.*

....
....
....
....
....
....
....

• *Jouez la scène avec votre partenaire.*

Lucas : – Salut Daniel. Alors, ton entretien avec le directeur, comment ça s'est passé?
Daniel : – Très bien. Il m'a demandé…

OUTILS

Le style indirect au passé

Au style indirect, quand le verbe introducteur est au passé, on ne peut pas utiliser le présent dans la phrase qui est répétée.
On remplace le présent par l'imparfait.

• « Marie **est** fatiguée »   → Il a dit que Marie **était** fatiguée.
• « Est-ce que vous **aimez** la musique? »   → Il nous a demandé si nous **aimions** la musique.

■ 12 ■ *Racontez.*

• *Imaginez. Vous avez interviewé une personne célèbre (un acteur, un chanteur, un sportif, un homme politique…).*

• *Racontez votre conversation aux autres apprenants.*

• *Préparez vos questions et ses réponses.*

....
....
....
....
....
....
....
....

RAPPORTER UNE CONVERSATION   *3. S'exprimer*

■ **13** ■ *Racontez.*

• *Pour chaque image, imaginez la conversation entre les deux personnes et racontez-la.*

• *Mettez-vous d'accord avec les autres apprenants.*

OUTILS

Communiquer
• Demander qqch. à qqn ≠ répondre qqch. à qqn.
• Dire, raconter, expliquer, répéter, annoncer, déclarer qqch. à qqn.
• Parler de la pluie et du beau temps = parler de choses sans importance.

■ **14** ■ *Informez-vous.*

• *Lisez le texte.*

Discuter, un «sport» national

Les Français adorent parler, bavarder, discuter, se contredire. Ils parlent de tout et de n'importe quoi. Avant, on parlait beaucoup au café, debout au comptoir. On parlait de sport, de politique, des faits divers, des gens célèbres, des voisins, ou tout simplement de la pluie et du beau temps. On racontait des histoires drôles, des blagues. Maintenant, on parle au travail, à la pause, devant la machine à café. On discute aussi avec des amis pendant de longs repas qui peuvent durer plusieurs heures. Les Français peuvent parler de tout, même de ce qu'ils ne connaissent pas très bien. Discuter est un plaisir qui ne coûte pas cher et que tout le monde peut s'offrir. Beaucoup d'émissions à la télévision nous montrent des gens qui parlent : des discussions, des débats, des interviews. On invite des gens célèbres ou des inconnus, qui racontent leur vie ou donnent leur avis sur n'importe quoi. ■

• *Préparez des questions sur le texte.*

....
....
....
....

• *Posez vos questions et répondez aux questions des autres apprenants.*

■ **15** ■ *Discutez.*

• *Répondez aux questions pour préparer la discussion.*

• *Donnez votre opinion. Discutez avec les autres apprenants.*

1. Est-ce que les gens dans votre pays sont aussi bavards que les Français ? Expliquez.

....

2. Est-ce nécessaire de parler beaucoup ? Pourquoi ? Pensez-vous qu'on peut s'exprimer sans parler ?

....

3. Avec qui aimez-vous parler ? Parlez-vous seul quelquefois ?

....

4. Est-ce qu'il y a des situations dans lesquelles vous détestez parler ? Si oui, lesquelles ?

....

5. Est-ce que vous aimez parler en public ? Pourquoi ? Est-ce que c'est utile de savoir parler en public ?

....

■ **16** ■ *Réagissez.*

• *Connaissez-vous ces proverbes français ?*

• *À votre avis, qu'est-ce qu'ils veulent dire ?*

• *Est-ce que vous connaissez dans votre langue des proverbes qui ont le même sens ?*

• *Êtes-vous d'accord avec ces proverbes ? Discutez avec les autres apprenants.*

« La parole est d'argent mais le silence est d'or. »
« Quand on parle du loup, on en voit la queue. »
« Toute vérité n'est pas bonne à dire. »

Posez la question ou donnez la réplique.

Vous devez, pour chaque phrase, donner une ou plusieurs répliques différentes.
Attention, vous ne devez pas utiliser les mêmes réponses pour différentes phrases.

Donnez la réplique.

« C'est incroyable mais, j'ai gagné au Loto ! »

1. « .... » 2. « .... »

3. « .... » 4. « .... »

« Tu habites en France depuis longtemps ? »

5. « .... »

« Tu es arrivé(e) quand ? »

6. « .... »

« Tu restes en France encore deux semaines ? »

7. « Oui, je vais partir .... »

« Ah bon, il fait beau et vous mangez dans le jardin ? »

8. « Mais non, c'était hier. Il .... »

« Ah bon, ton frère arrive à Paris mais l'avion a du retard ? »

9. – 10. « Mais non, c'était hier. Mon frère .... »

« Ah bon, les cambrioleurs entrent dans le jardin et volent ta voiture ? »

11. – 12. « Mais non, c'était hier. Les .... »

« Ah bon, tu finis ton livre pendant que les enfants jouent dans le jardin ? »

13. – 14. « Mais non, c'était hier. .... »

« Vous avez vu comment la femme a été tuée ? »

15. « Oui, je suis .... »

« Que va faire la police ? »

16. – 17. « Comme d'habitude, elle va .... pour retrouver le .... »

« Tu crois que la femme est coupable ? »

18. – 19. « Non, ... Elle a un .... elle était chez
le coiffeur »

« Tu connais ce restaurant ? »

20. – 21. « Bien sûr, c'est le restaurant qui .... et que .... »

22. « Bien sûr, c'est le restaurant dont .... »

23. « Bien sûr, c'est le restaurant où .... »

« Il y a une chambre au premier étage et il y en a une au huitième. Laquelle préfères-tu ? »

24. « .... »

« Je t'ai parlé de ce livre et Paul t'a parlé de cet autre livre. Lequel veux-tu ? »

25. « .... »

« Sébastien ressemble à son frère ? »

26. – 27. « Oui, ils ont .... et .... »

« Il a l'air très fatigué. Il est malade ?
– Qu'est-ce que vous dites ? »

28. – 29. « Je dis .... »

« Qu'est-ce que vous allez faire pendant les vacances ? Vous partez avec vos amis ?
– Qu'est-ce que vous dites ? »

30. – 31. « Je .... »

« Où allez-vous habiter et quand déménagerez-vous ?
– Qu'est-ce que vous dites ? »

32. – 33. « Je .... »

« Tu sais, comme Patrice était absent hier, je lui ai téléphoné.
– Ah bon, et qu'est-ce qu'il t'a dit ? »

34. « .... »

Posez la question.

35. « .... »

36. « .... »

37. « .... »

« Désolé, je ne sais pas où c'est. »

38. « .... »

39. « .... »

40. « .... »

« Oui bien sûr. Si je peux vous aider, c'est avec plaisir. »

COMPTEZ VOS POINTS

Vous avez **plus de 30 points** : BRAVO ! C'est très bien. Vous pouvez passer à l'unité suivante.

Vous avez **plus de 20 points** : C'est bien, mais regardez vos erreurs, cherchez les réponses possibles dans les leçons et refaites le test. Ensuite, passez à l'unité suivante.

Vous avez **moins de 20 points** : Vous n'avez pas bien mémorisé cette unité, reprenez-la complètement (avec les corrigés), puis recommencez l'autoévaluation. Bon courage !

PROPOSER, IMAGINER

1. Imiter

■ **OBJECTIF FONCTIONNEL :** Proposer, faire une suggestion – Imaginer – Répondre à une proposition – Exprimer une envie.

■ **OUTILS :** Le conditionnel : conjugaison et utilisation.

■ 1 ■ *Répondez.* 🎧 ÉCOUTE 1

1. Quel est le point commun de tous ces dialogues ?
2. Notez les mots ou les phrases qui expriment ce point commun.

....

....

■ 2 ■ *Répétez.* 🎧 ÉCOUTE 2

Attention à l'intonation !

■ 3 ■ *Imaginez la situation.*

• *Pour chaque mini-dialogue, imaginez de quoi ils parlent et la suite de la conversation.*

....

....

....

....

....

....

• *Discutez avec les autres apprenants pour vous mettre d'accord.*

■ 4 ■ *Jouez la scène.*

• *Jouez les dialogues avec un partenaire en ajoutant des éléments complémentaires.*

• *N'oubliez pas d'utiliser les éléments de l'écoute.*

OUTILS

Proposer quelque chose, faire une suggestion
• Ça te plairait de… / Ça te dirait de…
Ça ne te plairait pas de… / Ça ne te dirait pas de… ⎫
Ce serait sympa de… ⎬ + *verbe à l'infinitif*
Pourquoi ne pas… ⎭
• Et si + *phrase à l'imparfait…* ?

■ 5 ■ *Faites passer la parole.*

• *Comme dans l'exemple, imaginez une situation en trois répliques.*

Exemple : **A** – Ça te dirait d'aller voir un film ?
B – Oui, mais j'ai faim !
A – Eh bien, on va manger avant de partir.

■ 6 ■ *Informez-vous.* 🎧 Écoute 3

1. Qu'est-ce que sa collègue propose à Corinne?
2. Comment Corinne réagit-elle?
3. Quel argument va persuader Corinne de changer?

• *Prenez des notes.*

....

....

....

• *Discutez avec les autres apprenants pour contrôler ou compléter vos informations.*

• *Imaginez pourquoi sa collègue veut changer de bureau.*

■ 7 ■ *Jouez la scène.*

La collègue : – Corinne, ça te dirait de changer de bureau?
Corinne :   – *Ben non, ...

OUTILS

Répondre à une proposition
• * C'est pas bête ça / *C'est pas idiot ça.
• Ça me dirait bien / Ça me plairait bien.
• Ah c'est nul! Je n'ai pas du tout envie de + *verbe à l'infinitif*

■ 8 ■ *Échangez des informations.*

• *Complétez votre fiche et faites vos propositions à votre partenaire.*

• *Répondez à ses propositions.*

• *Notez ses réponses.*

Vos propositions	Réponse de votre partenaire	Vos propositions	Réponse de votre partenaire
Partir à vélo		Faire une croisière	
....	....	....	....
....	....	....	....
....	....	....	....
Jouer aux cartes		Aller au cinéma	
....	....	....	....
....	....	....	....
....	....	....	....

■ **9** ■ *Informez-vous.* 🎧 Écoute 4

• *Écoutez le dialogue et répondez aux questions.*

1. Quelle relation y a-t-il entre les deux personnes ?
2. Qu'est-ce que l'homme aimerait faire ?
3. Qu'en pense la femme ?

• *Prenez des notes.*

....

....

....

....

• *Discutez avec les autres apprenants pour contrôler ou compléter vos informations.*

• *Jouez la scène avec votre partenaire.*

L'homme : – Pff… J'en ai marre de ma vie, je changerais bien.
La femme : – Et qu'est-ce que tu voudrais faire de plus ?…

OUTILS

Le conditionnel
• **Le radical :** identique au radical du futur (voir p. 14).
• **Les terminaisons :** *-ais, -ais, -ait, -ions, -iez, -aient* (identiques à l'imparfait).
Je parlerais, tu partirais, il lirait, nous chanterions, vous partiriez, ils vendraient.
• **Les verbes irréguliers :** les mêmes qu'au futur (voir p. 14)

Exprimer une envie
• J'aimerais bien faire qqch./ je ferais bien qqch.
• Verbe au conditionnel + *bien* : Je boirais bien qqch.

Parler d'une situation possible ou imaginaire
• Je voyagerais ; tu serais mon guide ; on visiterait le monde entier.

■ **10** ■ *Interprétez.*

• *Ces trois personnes changeraient bien de vie.*

• *Choisissez un rôle et imaginez où vous iriez, ce que vous feriez.*

....

....

....

• *Jouez la scène.*

■ 11 ■ *Justifiez vos choix.*

• *Clémence est mariée, elle a trois enfants, elle est professeur des écoles.*
• *Madeleine est célibataire, elle est caissière dans un supermarché.*
• *Clémence et Madeleine rêvent de faire beaucoup de choses.*

• *À votre avis, quels sont les rêves de Clémence et ceux de Madeleine ?*
• *Préparez vos explications et vos arguments.*

....
....
....
....
....
....

• *Discutez avec les autres apprenants pour vous mettre d'accord.*

■ **12** ■ *Mettez-vous d'accord.*

• *Observez ce monde idéal. Qu'est-ce que vous aimeriez changer ou ajouter ?*

• *Discutez avec les autres apprenants pour vous mettre d'accord.*

OUTILS

Un monde idéal
- Un monde idéal, un monde rêvé, un monde imaginaire.
- Il serait harmonieux, pacifique, ultramoderne.
- Le climat : il serait tempéré, tropical, sec, humide.
- La population serait immortelle ≠ mortelle, homogène ≠ hétérogène (avec des différences).

■ 13 ■ *Informez-vous.*

• *Lisez le texte.*

Les rêves les plus fous

Si la plupart des Français se contentent de parler de leurs rêves, certains les réalisent. Il y a quelques années, Nicolas, Diane et leur petite fille Montaine de 20 mois ont passé un an dans le Grand Nord canadien. Ils ont voyagé à cheval puis en traîneau et ont vécu un certain temps dans un petit chalet qu'ils avaient construit eux-mêmes. En 2005, Maud Fontenoy, jeune femme de 27 ans, traverse toute seule l'océan Pacifique sur un petit bateau à rames. Les exemples sont nombreux et les rêves tous plus fous les uns que les autres. Évidemment, pour réussir, il ne suffit pas de rêver, il faut des qualités physiques, mentales et une grande volonté. Il faut aussi arriver à convaincre les autres que la réussite est possible, car ces exploits coûtent cher et les sponsors sont indispensables. Alors, ne dites plus seulement « j'aimerais, je voudrais, j'adorerais… », mais lancez-vous plutôt dans l'aventure ! ■

• *Préparez des questions sur le texte.*

....

....

....

....

• *Posez vos questions et répondez aux questions des autres apprenants.*

■ 14 ■ *Discutez.*

• *Répondez aux questions pour préparer la discussion.*

• *Donnez votre opinion. Discutez avec les autres apprenants.*

1. Quelles sont les aventures dont vous avez entendu parler ?

....

2. À votre avis, quelles sont les motivations de ces aventuriers ?

....

3. Aimeriez-vous vivre une aventure similaire ? Laquelle ?

....

4. Partir à l'aventure seul ou accompagné ? Quels sont les avantages et les inconvénients de ces deux formules ?

....

5. Pensez-vous que les rêves sont nécessaires ? Pourquoi ?

....

■ 15 ■ *Réagissez.*

• *Décrivez les dessins et expliquez les situations.*

• *Qu'en pensez-vous ? Discutez avec les autres apprenants.*

LEÇON 2

AVOIR BESOIN DES AUTRES

1. Imiter

> ■ **OBJECTIF FONCTIONNEL :** Demander un service – Proposer son aide – Exprimer son découragement.
>
> ■ **OUTILS :** Le pronom *en* ou « de lui, d'elle »…

■ 1 ■ *Répondez.* 🎧 ÉCOUTE 1

1. Quel est le point commun de tous ces dialogues ?
2. Notez les mots ou les phrases qui expriment ce point commun.

....

....

■ 2 ■ *Répétez.* 🎧 ÉCOUTE 2

Attention à l'intonation !

■ 3 ■ *Imaginez la situation.*

• *Pour chaque mini-dialogue, imaginez de quoi ils parlent et la suite de la conversation.*

....

....

....

....

....

....

• *Discutez avec les autres apprenants pour vous mettre d'accord.*

■ 4 ■ *Jouez la scène.*

• *Jouez les dialogues avec un partenaire en ajoutant des éléments complémentaires.*

• *N'oubliez pas d'utiliser les éléments de l'écoute.*

OUTILS

Demander un service
• Tu peux / vous pouvez…
• Tu veux bien / vous voulez bien…
• Tu pourrais / vous pourriez…   } m'aider à + *verbe à l'infinitif*
• Tu ne pourrais pas / Vous ne pourriez pas…   } me donner un coup de main pour + *verbe à l'infinitif*
• Ça t' / vous ennuierait de
• Ça ne t' / vous ennuierait pas de

■ 5 ■ *Faites passer la parole.*

• *Comme dans l'exemple, imaginez une situation en trois répliques.*

Exemple :   **A** – Ça vous ennuierait de m'aider à porter mon sac ?
          B – Non, pas du tout.
          A – Ah, c'est vraiment sympa, j'ai 20 kilos de vêtements dedans !

■ 6 ■ *Informez-vous.* 🎧 Écoute 3

1. Quelle est la relation entre les deux personnes ?
2. Quels services le jeune homme demande-t-il ?
3. Comment réagit la femme ?

• *Prenez des notes.*

....
....
....

• *Discutez avec les autres apprenants pour contrôler ou compléter vos informations.*

■ 7 ■ *Jouez la scène.*

Le jeune homme :   – Bonjour, madame Rondeau.
Madame Rondeau :   – Bonjour…

OUTILS

Introduire une demande de service

• J'aurais un service à vous demander. Vous pourriez…
• Vous pourriez me rendre un petit service ? Il faudrait…
Ces deux phrases sont une entrée en matière et sont suivies de la demande de service au conditionnel.

■ 8 ■ *Échangez des informations.*

• *Demandez des services à votre partenaire.*

• *Répondez à ses demandes.*

• *Notez ses réponses.*

Vos demandes de service	Les réponses de votre partenaire	Vos demandes de service	Les réponses de votre partenaire

■ 9 ■ *Informez-vous.* 🎧 Écoute 4

• *Écoutez le dialogue et répondez aux questions.*

1. À votre avis, quel âge a la fille ?

2. Que demande la mère ?

3. Comment la fille réagit-elle aux différentes demandes ?

• *Prenez des notes.*

....

....

....

....

• *Discutez avec les autres apprenants pour contrôler ou compléter vos informations.*

• *Jouez la scène avec votre partenaire.*

La mère : – Oh zut !
La fille : – Qu'est-ce qu'il y a, maman ? Tu veux un coup de main ?…

OUTILS

Proposer son aide, ses services
• Je peux t' / vous aider ? – Tu as / vous avez besoin d'aide ? – Tu veux / vous voulez un coup de main ?

Exprimer son découragement
• *C'est trop pour moi. – Je n'y arriverai jamais. – C'est au-dessus de mes moyens.

■ 10 ■ *Interprétez.*

• *Jouez deux scènes : 1) elle lui demande un service ; 2) il lui propose ses services.*

• *Choisissez un rôle, et préparez les questions et les réponses de votre personnage.*

....

....

....

....

....

• *À votre avis, dans cette situation, qui devrait faire la vaisselle ? Trouvez des arguments.*

• *Discutez avec les autres apprenants.*

■ 11 ■ *Discutez.*

- *Quel est le point commun de ces trois personnes ?*
- *De quoi le premier a-t-il besoin ? De quoi le deuxième parle-t-il ? De quoi la troisième profite-t-elle bien ?*
- *Et vous, en avez-vous besoin ? Qu'en faites-vous ?*
- *Discutez avec les autres apprenants.*

OUTILS

Le pronom « en »

- Il remplace **de** + **quelque chose**.
- – Tu as besoin **de la voiture** ? – J'**en** ai besoin.
- – Il a parlé **de son pay**s ? – Il **en** a parlé.
- – Tu as bien profité **de tes vacances** ? – Oh oui, j'**en** ai bien profité.
- Autres verbes suivis de la préposition **de** : avoir envie de, avoir peur de, discuter de, être content de, être fier de, s'occuper de, se plaindre de, rêver de, se servir de…
- Quand ces verbes sont suivis d'un nom de personne, on utilise **de + un pronom tonique**.
- – Il a parlé **de ses trois sœurs** ? – Il a parlé **d'elles.**

■ 12 ■ *Devinez.*

- *Lisez cette devinette.*

On en a besoin pour être propre.
On s'en plaint quand elle fait du bruit.
On en rêve quand elle est en panne.
On en a envie quand on est obligé d'aller à la laverie.
On s'en sert pour ne pas laver ses vêtements à la main.

- *De quel objet s'agit-il ?*
- *À vous ! Décrivez un objet en utilisant le pronom « en » avec les verbes ci-dessus.*

....
....
....
....
....

- *Faites deviner votre objet à votre partenaire.*

■ 13 ■ *Mettez-vous d'accord.*

• *Ces personnes voudraient prendre le même avion mais il ne reste plus de place.*

• *Chacune de ces personnes va demander à un autre passager de lui céder sa place.*

1

2

• *Imaginez les raisons des personnes dans les dessins 3 et 4.*

3

4

• *Jouez les scènes, demandez aux autres passagers de vous laisser leurs places.*

• *Préparez vos explications et vos arguments.*

....

....

....

....

....

....

....

• *Qu'en pensez-vous ? À qui donneriez-vous votre place ?*

• *Discutez avec les autres apprenants pour vous mettre d'accord.*

■ 14 ■ *Informez-vous.*

• *Lisez le texte.*

Les Français sont-ils généreux ?

Même si les Français râlent toujours, ils s'intéressent aux autres. Dans les familles, l'entraide est courante, les parents donnent ou prêtent de l'argent pour que les jeunes couples achètent une maison, mais ils donnent aussi de leur temps en s'occupant de leurs petits-enfants. Cette générosité ne se limite pas à la famille : les Français se situent en deuxième position en Europe pour les dons aux associations.

Ils font des dons en argent, en temps ou en nature. Les personnes de moins de 30 ans donnent de leur temps, entre 30 et 60 ans on donne de l'argent mais aussi de la nourriture, et les plus âgés, eux, préfèrent aider financièrement (en moyenne 360 € par personne et par an).

Mis à part les organisations bien connues comme la Croix-Rouge, les associations les plus célèbres sont Médecins sans frontières et les Restos du cœur. ■

• *Préparez des questions sur le texte.*

....
....
....
....

• *Posez vos questions et répondez aux questions des autres apprenants.*

■ 15 ■ *Discutez.*

• *Répondez aux questions pour préparer la discussion.*

• *Donnez votre opinion. Discutez avec les autres apprenants.*

1. Préférez-vous faire des dons en argent, en temps ou en nature ? Pourquoi ?

....

2. Aimeriez-vous partir avec une association dans un pays du tiers-monde ? Lequel ?

....

3. Quelle catégorie de personnes aimeriez-vous défendre en créant une association ?

....

4. Pensez-vous que ce sont les États qui doivent donner, et non les individus ? Pourquoi ?

....

■ 16 ■ *Réagissez.*

• *Observez ces dessins et expliquez la situation.*

• *Qu'en pensez-vous ? Discutez avec les autres apprenants.*

 **LEÇON 3**

DONNER UN CONSEIL

1. Imiter

■ **OBJECTIF FONCTIONNEL :** Donner un conseil – Faire des hypothèses.

■ **OUTILS :** La phrase hypothétique – S'habiller.

■ **1** ■ *Répondez.* 🎧 ÉCOUTE 1

1. Quel est le point commun de tous ces dialogues ?

2. Notez les mots ou les phrases qui expriment ce point commun.

....

....

■ **2** ■ *Répétez.* 🎧 ÉCOUTE 2

Attention à l'intonation !

■ **3** ■ *Imaginez la situation.*

• *Pour chaque mini-dialogue, imaginez de quoi ils parlent et la suite de la conversation.*

....

....

....

....

....

....

• *Discutez avec les autres apprenants pour vous mettre d'accord.*

■ **4** ■ *Jouez la scène.*

• *Jouez les dialogues avec un partenaire en ajoutant des éléments complémentaires.*

• *N'oubliez pas d'utiliser les éléments de l'écoute.*

OUTILS

Donner un conseil

• Tu devrais / vous devriez
  Tu pourrais / vous pourriez 〳 *+ verbe à l'infinitif*

• Si j'étais toi / vous, je
  Si j'étais à ta place, je 〳 *+ verbe au conditionnel*

• Deux phrases au conditionnel : Tu mangerais moins, tu serais moins gros !

■ **5** ■ *Faites passer la parole.*

• *Comme dans l'exemple, imaginez une situation en trois répliques.*

Exemple :   **A** – J'ai encore grossi.

              B – Tu devrais arrêter de manger des gâteaux.

              A – Je ne peux pas, j'adore ça.

■ 6 ■ *Informez-vous.* 🎧 Écoute 3

1. Quel est le problème de l'une des femmes ?
2. Quelle est la situation familiale de cette femme ?
3. Quels conseils son amie lui donne-t-elle ?

• *Prenez des notes.*

....

....

....

....

....

....

....

• *Discutez avec les autres apprenants pour contrôler ou compléter vos informations.*

■ 7 ■ *Jouez la scène.*

A – J'ai l'impression que ça ne va pas. Qu'est-ce que tu as ?
B – C'est mon fils…

■ 8 ■ *Échangez des informations.*

• *Vous êtes l'auteur de l'une de ces peintures. Vous n'en êtes pas très satisfait.*
• *Demandez à votre partenaire ce qui ne va pas et écoutez ses conseils.*
• *Vous n'aimez pas beaucoup la peinture de votre partenaire. Donnez-lui des conseils.*

Peinture de	Peinture de ....

■ **9** ■ *Interprétez.*

• *Si vous étiez son voisin, que diriez-vous à cet homme ? Que répondrait-il ?*

• *Choisissez un rôle et préparez le dialogue.*

....

....

....

....

....

....

• *Jouez la scène avec votre partenaire.*

OUTILS

Faire des hypothèses dans le présent

Hypothèse peu probable ou imaginaire : **Si** + verbe à l'**imparfait** → **verbe au conditionnel**.

• **Si** j'**étais** à ta place, je **changerais** de travail.
• **Si** je **gagnais** au Loto, j'**achèterais** une moto.

■ **10** ■ *Imaginez.*

• *Que feriez-vous si… ?*

• *Continuez cette série de phrases. Une phrase par apprenant.*

Si les fleurs n'existaient pas, la campagne serait triste.
Si la campagne était triste, les oiseaux ne chanteraient pas.
Si les oiseaux ne chantaient pas, ce ne serait pas agréable de se promener dans les champs.

....

....

....

• *Faites une autre série de phrases en partant de : « Si le soleil ne se couchait jamais… »*

■ 11 ■ *Mettez-vous d'accord.*

• *Un magazine a reçu ces trois lettres de ses lecteurs.*

J'ai 32 ans, je suis divorcée et j'ai trois enfants de 2, 4 et 7 ans. Je suis employée par une compagnie d'assurances mais je travaille chez moi. C'est très pratique pour les enfants parce que mon ex-mari n'a pas le temps de s'occuper d'eux, mais je suis très seule et je n'ai pas l'occasion de connaître de nouvelles personnes.

Comment pourrais-je changer cette situation ?

Sophie

Je n'en peux plus, j'ai une mère très possessive qui contrôle tout ce que je fais. Je dois lui dire où je vais, avec qui, à quelle heure je vais rentrer, ce que j'ai mangé le soir, ce que j'ai fait au bureau. Tous mes amis se moquent de moi car elle me téléphone 15 fois par jour. Mon chef trouve qu'elle me dérange dans mon travail et ma femme est fatiguée des conseils que ma mère lui donne. Je ne sais pas quoi faire, si je disais à ma mère de ne plus m'appeler, elle serait très malheureuse. Que feriez-vous si vous étiez à ma place ?

Éric

Je suis sûre que vous pourrez me comprendre. J'ai 16 ans et je suis amoureuse. C'est normal mais le problème (pour mes parents) c'est que l'homme que j'aime a 34 ans. Mes parents pensent qu'il est trop vieux pour moi. Nous avons décidé de vivre ensemble mais mes parents ne sont pas d'accord, ils voudraient que je termine mes études avant. Nous sommes très amoureux et je voudrais partir avec lui mais je ne suis pas majeure, alors que faire ?

Valentine

• *Analysez chaque situation.*
• *Si vous étiez à leur place, que feriez-vous ?*

....
....
....
....
....
....

• *Mettez-vous d'accord sur les meilleurs conseils à donner.*
• *Discutez avec les autres apprenants.*

■ 12 ■ *Discutez.*

• *Observez bien ces personnes, elles sont toutes très différentes.*

• *Ces personnes doivent aller à un mariage très chic, à un dîner entre amis, à un premier rendez-vous amoureux, à un entretien d'embauche, à un bal costumé…*

• *Quels vêtements leur conseilleriez-vous de mettre ?*

• *Mettez-vous d'accord sur les vêtements à conseiller.*

• *Discutez avec les autres apprenants.*

OUTILS

S'habiller

• Être habillé / être vêtu d'un pantalon, d'une robe, …

• Être à la mode, suivre la mode – Avoir un style vestimentaire – S'habiller de façon classique, décontractée, chic (élégante), *branchée (à la dernière mode), *ringarde (pas du tout à la mode).

• *Une fringue = un vêtement – *Se fringuer = s'habiller.

■ 13 ■ *Informez-vous.*

• *Lisez le texte.*

> ### Dis-moi ce que tu portes, je te dirai qui tu es
>
> Dans notre société moderne, le vêtement ne représente plus exactement la classe sociale comme autrefois ou comme dans certaines sociétés traditionnelles. Aujourd'hui, par le choix de nos vêtements, on veut exprimer une façon de vivre, un caractère, des goûts particuliers ou même des idées politiques. Chez les jeunes, le phénomène est encore plus marqué, chaque style porte un nom et correspond à des tendances particulières. Les « gothiques » habillés de noir sont généralement des romantiques, les « skateurs » sont des adeptes du skate, les « fashions » sont influencés par les stars de la télévision, les « néo-classiques » sont plus simples et classiques, comme leur nom l'indique… Il n'y a plus une mode mais plusieurs, et c'est mieux ainsi. Si tout le monde s'habillait de la même façon, les rues seraient bien tristes ! ■

• *Préparez des questions sur le texte.*

....
....
....
....

• *Posez vos questions et répondez aux questions des autres apprenants.*

■ 14 ■ *Discutez.*

• *Répondez aux questions pour préparer la discussion.*

• *Donnez votre opinion. Discutez avec les autres apprenants.*

1. Dans quelles sociétés le vêtement est-il encore une façon de différencier les classes sociales ?

....

2. Dans les sociétés modernes, quand porte-t-on un uniforme et à quoi cela sert-il ?

....

3. Comment choisissez-vous vos vêtements ? (Prix, marque, qualité, couleur…)

....

4. Que peut-on imaginer d'une personne grâce à ses vêtements ? Donnez des exemples précis.

....

■ 15 ■ *Réagissez.*

• *Décrivez ce dessin et expliquez la situation.*

• *Qu'en pensez-vous ? Discutez avec les autres apprenants.*

BILAN

Posez la question ou donnez la réplique.

Vous devez, pour chaque phrase, donner une ou plusieurs répliques différentes.
Attention, vous ne devez pas utiliser les mêmes réponses pour différentes phrases.

Posez la question.

1. « .... »

2. « .... »
   « Bien sûr, j'adore le cinéma, c'est très gentil à vous de me le proposer. »

3. « .... »

4. « .... »

5. « .... »
   « *Super, je n'ai pas envie de faire la cuisine, on y va ! »

6. « .... »

7. « .... »

8. « .... »

9. « .... »
   « Ah non, désolé, j'ai trop de boulot. »

10. « .... »

11. « .... »
    « Mais pas du tout, madame Paulhan, j'adore les enfants et ce soir il n'y a rien à la
    télé. »

12. « .... »

13. « .... »
    « *Ben je ne sais pas, qu'est-ce que tu veux ? »

14. « .... »

15. « .... »

16. « .... »
    « Oh oui merci, ce serait bien, je ne comprends rien à cette machine. »

Donnez la réplique.

« Pfff… je suis fatigué. Et si on s'arrêtait dans un café pour boire un bon jus d'orange ? »

17. « .... »   – 18. « .... »

   « Je vais faire une croisière en Méditerranée, ça te dirait de venir ? »

19. « .... »

20. « .... »

21. « Non, ... »

   « Et comment serait-elle cette maison idéale ? Qu'est-ce que tu y ferais ? »

22. « .... »

23. « .... »

« Qu'est-ce que tu as ? Ça ne va pas ? Tu veux que je t'aide ? »

24. « .... »

25. « .... »

26. « .... »

27. « Il a besoin de sa voiture pour aller travailler ? » « .... »

28. « Tu es content de ton nouvel appartement ? » « .... »

29. « Est-ce qu'il se sert souvent de son ordinateur ? » « .... »

30. « Elle a réussi ! Tu es fier de ta fille ? » « .... »

« Ah cette maison ! Les fenêtres ne ferment pas et, quand il pleut, il y a de l'eau partout ! »

31. « .... »

32. « .... »

33. « .... »

34. « .... »

« Zut, j'ai encore grossi ! »

35. « .... »

« Il n'a pas d'enfant, il ne peut pas comprendre. »

36. « C'est vrai, si .... »

« Tu ne viens jamais me voir. »

37. « Si .... »

« Que penses-tu de sa façon de s'habiller ? »

38. « J'adore, ... »

39. « Je déteste, ... »

« Et vous, comment vous habillez-vous ? »

40. « Moi, ... »

● COMPTEZ VOS POINTS

Vous avez **plus de 30 points** : BRAVO ! C'est très bien. Vous pouvez passer à l'unité suivante.

Vous avez **plus de 20 points** : C'est bien, mais regardez vos erreurs, cherchez les réponses possibles dans les leçons et refaites le test. Ensuite, passez à l'unité suivante.

Vous avez **moins de 20 point**s : Vous n'avez pas bien mémorisé cette unité, reprenez-la complètement (avec les corrigés), puis recommencez l'autoévaluation. Bon courage !

■ **OBJECTIF FONCTIONNEL :** Exprimer son énervement – Parler de ce que l'on veut, de ce que l'on souhaite.

■ **OUTILS :** La colère – Les verbes qui expriment une volonté – Le subjonctif après les verbes de volonté et après *il faut que*.

■ 1 ■ *Répondez.* 🎧 ÉCOUTE 1

1. Quel est le sentiment exprimé dans tous ces dialogues ?
2. Notez les mots ou les phrases qui expriment ce sentiment.

....

....

■ 2 ■ *Répétez.* 🎧 ÉCOUTE 2

Attention à l'intonation !

■ 3 ■ *Imaginez la situation.*

• *Pour chaque mini-dialogue, imaginez la situation.*

....

....

....

....

• *Discutez avec les autres apprenants pour vous mettre d'accord.*

■ 4 ■ *Jouez la scène.*

• *Jouez les dialogues avec un partenaire en ajoutant des éléments complémentaires.*

• *N'oubliez pas d'utiliser les éléments de l'écoute.*

OUTILS

Exprimer sa colère, son énervement
• Ce n'est plus possible ! • Ça suffit !   • J'en ai assez !   • J'en ai *ras le bol !
• Ça ne peut plus durer ! • Trop c'est trop ! • Je n'en peux plus ! • J'en ai *marre !

La colère
• Se mettre en colère – Être en colère – Être coléreux (souvent en colère).
• S'énerver – Être énervé – Être nerveux (souvent énervé) – Énerver qqn (rendre qqn nerveux).
• Se fâcher avec qqn (ne plus vouloir parler avec qqn) – Être fâché avec qqn.

■ 5 ■ *Faites passer la parole.*

• *Comme dans l'exemple, imaginez une situation en trois répliques.*

Exemple :   **A** – Tu entends le bruit chez les voisins ?
         B – Oui, ils exagèrent, trop c'est trop !
         A – Et c'est comme ça depuis une semaine ! J'en ai assez !

■ **6** ■ *Informez-vous.* 🎧 Écoute 3

1. De quoi parlent les deux personnes ?
2. Pourquoi l'homme est-il en colère ?
3. Quelles raisons M. Fauvel a-t-il données pour ne pas signer ?

• *Prenez des notes.*

....

....

....

....

....

....

....

• *Discutez avec les autres apprenants pour contrôler ou compléter vos informations.*

■ **7** ■ *Jouez la scène.*

Une femme : – Alors, tu as vu monsieur Fauvel ? Vous vous êtes mis d'accord pour la vente de la maison ?
Un homme : – Pas encore, je n'en peux plus ! …

OUTILS

Les verbes qui expriment une volonté

J'aimerais			J'ai envie **de**		
Je souhaite			J'accepte **de**		
Je désire	} *+ verbe à l'infinitif*		Je refuse **de**	} *+ verbe à l'infinitif*	
Je voudrais	**sortir**		J'exige **de**	**lire**	
Je veux					
J'espère					

• On utilise l'infinitif après les verbes de volonté quand les deux verbes ont le même sujet.

■ **8** ■ *Échangez des informations.*

• *Complétez la liste des actions que vous allez proposer à votre partenaire de faire.*

• *Utilisez le verbe le mieux adapté pour poser vos questions à votre partenaire.*

• *Répondez à ses questions en exprimant votre colère.*

Exemple : **A** – Est-ce que tu as envie de manger un gâteau ?
         B – Ah non ! Ça suffit ! C'est la troisième fois que tu me le proposes !

Venir chez moi.

....

....

....

....

....

....

Faire un voyage dans l'espace.

....

....

....

....

....

....

■ **9** ■ *Interprétez.*

- *Ils viennent de se marier mais ils ne rêvent pas de la même vie.*
- *Chacun parle de ce qu'il désire et demande à l'autre ce qu'il souhaite.*
- *Imaginez leur conversation.*
- *Choisissez un rôle, et préparez les questions et les réponses de votre personnage.*

....
....
....
....
....
....

- *Jouez la scène avec votre partenaire.*

■ **10** ■ *Interprétez.* 🎧 ÉCOUTE 4

- *Écoutez le dialogue et répondez aux questions.*
- **1.** Quelle est la relation entre les deux personnes qui parlent?
- **2.** Pourquoi la femme est-elle en colère?
- **3.** Que veut-elle?
- *Prenez des notes.*

....
....
....

- *Discutez avec les autres apprenants pour contrôler ou compléter vos informations.*

• *Imaginez la suite du dialogue entre les deux personnes.*

• *Notez vos idées.*

....

....

....

....

....

....

....

....

• *Jouez la scène avec votre partenaire.*

La femme : – Stéphane, j'en ai assez, je voudrais que tu m'aides un peu plus à la maison !

Stéphane : – Mais qu'est-ce que tu veux que je fasse ?

OUTILS

Le subjonctif

• Verbe au présent avec « ils » : ils parl~~ent~~, ils finiss~~ent~~, ils part~~ent~~, ils lis~~ent~~, ils vend~~ent~~, ils vienn~~ent~~…

• Terminaisons : je **-e**, tu **-es**, il **-e**, ils **-ent**. : *que je parle / que tu finisses / qu'il parte / qu'ils lisent.*

Pour **nous** et **vous**, les formes sont les mêmes qu'à l'imparfait : *que nous **parlions**, que vous **finissiez***

Verbes irréguliers :

ÊTRE	AVOIR	ALLER	
que je sois	que j'aie	que j'aille	**Faire :** que je fass**e**
que tu sois	que tu aies	que tu ailles	**Pouvoir :** que je puiss**e**
qu'il soit	qu'il ait	qu'il aille	**Savoir :** que je sach**e**
que nous soyons	que nous ayons	que nous allions	je **-e**, tu **-es**, il **-e**,
que vous soyez	que vous ayez	que vous alliez	nous **-ions**, vous **-iez**, ils **-**
qu'ils soient	qu'ils aient	qu'ils aillent	**ient.**

Utilisation :

Après les verbes et les locutions verbales qui expriment un**e volonté**, sauf *espérer*.

• Je veux, je souhaite, j'aimerais, j'accepte, j'ai envie… **que tu viennes**. J'espère **que tu viendras**.

■ 11 ■ *Imaginez.*

• *Votre meilleur ami a beaucoup changé.*

• *Vous l'aimez beaucoup mais vous aimeriez qu'il redevienne comme avant : dynamique, sportif, élégant, charmant. Vous avez envie de faire des choses avec lui.*

• *Imaginez tout ce que vous pouvez lui dire.*

Exemples :

Je voudrais que tu t'occupes de toi…

J'ai envie qu'on sorte ensemble…

■ **12** ■ *Mettez-vous d'accord.*

• *Observez ces revendications. Qu'en pensez-vous ?*

• *Proposez-en d'autres.*

• *Discutez avec les autres apprenants pour choisir celles qui vous semblent les plus importantes.*

OUTILS

Le subjonctif après « il faut que... »
• On utilise le subjonctif après **il faut que** :
Il faut **que tu fasses** du sport.   Il faut faire du sport. *(généralité)*
• La négation :
Il <u>ne</u> faut <u>pas</u> **que tu boives**.   Il <u>ne</u> faut <u>pas</u> boire d'alcool. *(généralité)*

■ **13** ■ *Discutez.*

• *Répondez aux questions et discutez avec les autres apprenants pour vous mettre d'accord.*

1. Que faut-il que les parents fassent s'ils veulent que leurs enfants soient heureux ?
2. Que faut-il que les enfants fassent s'ils veulent que leurs parents soient contents ?
3. Que faut-il qu'un professeur fasse s'il veut que ses étudiants soient satisfaits ?
4. Que faut-il qu'un patron fasse s'il veut que ses salariés travaillent bien ?

■ 14 ■ *Informez-vous.*

• *Lisez le texte.*

Mon fils est un grand fumeur

Je vous écris car je ne sais plus quoi faire pour mon fils. Il a 18 ans et il fume plus d'un paquet de cigarettes par jour, depuis quatre ans. Je voudrais qu'il arrête ou au moins qu'il fume moins, mais il refuse de m'écouter. J'ai tout essayé pour le faire arrêter, sans succès. J'ai voulu qu'il aille chez un spécialiste qui lui a expliqué les dangers du tabac, mais il dit qu'il n'a pas peur. Il pense que la maladie, ça n'arrive qu'aux autres. Quand il veut fumer à la maison, j'exige qu'il aille sur le balcon ou qu'il sorte dans la rue car je ne veux pas qu'il fume chez moi, mais ça lui est égal. Je sais que beaucoup de jeunes fument aussi mais je n'ai pas envie que mon fils soit malade. Que pouvons-nous faire pour tous ces jeunes qui ne veulent pas comprendre qu'ils prennent des risques en fumant ? Il faut que nous nous occupions tous de ce problème ! Si vous avez réussi à détourner votre enfant du tabac, écrivez- moi.

Sophie,

une maman désespérée. ■

• *Préparez des questions sur le texte.*

....
....
....
....

• *Posez vos questions et répondez aux questions des autres apprenants.*

■ 15 ■ *Discutez.*

• *Répondez aux questions pour préparer la discussion.*

• *Donnez votre opinion. Discutez avec les autres apprenants.*

1. Qui sont les plus grands fumeurs dans votre pays ? Les hommes, les femmes, les jeunes… ?

....

2. À votre avis, pourquoi les jeunes commencent-ils à fumer ?

....

3. L'information sur les dangers du tabac existe-t-elle dans votre pays ? Sous quelle forme ?

....

4. Dans certains pays, la publicité pour les cigarettes est interdite. Qu'en pensez-vous ?

....

■ 16 ■ *Réagissez.*

• *Décrivez les dessins et expliquez les situations.*

• *Qu'en pensez-vous ? Discutez avec les autres apprenants.*

PARLER DE SES PRÉFÉRENCES

1. Imiter

> ■ **OBJECTIF FONCTIONNEL :** Exprimer sa surprise – Donner son sentiment sur quelque chose ou quelqu'un – Annoncer une nouvelle.
>
> ■ **OUTILS :** Le subjonctif et l'infinitif après les verbes de sentiment – La vie de famille.

■ 1 ■ *Répondez.* 🎧 ÉCOUTE 1

1. Quel est le sentiment exprimé dans tous ces dialogues ?
2. Notez les mots ou les phrases qui expriment ce sentiment.

....

....

■ 2 ■ *Répétez.* 🎧 ÉCOUTE 2

Attention à l'intonation !

■ 3 ■ *Imaginez la situation.*

• *Pour chaque mini-dialogue, imaginez la situation.*

....

....

....

....

• *Discutez avec les autres apprenants pour vous mettre d'accord.*

■ 4 ■ *Jouez la scène.*

• *Jouez les dialogues avec un partenaire en ajoutant des éléments complémentaires.*
• *N'oubliez pas d'utiliser les éléments de l'écoute.*

OUTILS

Exprimer sa surprise par l'exclamation :

• Je ne peux pas y croire ! Je n'en reviens pas !
• *Mon œil !
• C'est incroyable ! C'est inimaginable !
• C'est fou ! Ce n'est pas vrai !
• Ce n'est pas possible ! *Pas possible !

par la question :

• Tu rigoles ? /Vous rigolez ?
• Tu plaisantes ?/Vous plaisantez ?
• Tu veux rire ?/Vous voulez rire ?

• Être surpris, étonné – Surprendre qqn = étonner qqn.
• Être crédule (croire tout ce qu'on vous dit) ≠ incrédule – La crédulité ≠ l'incrédulité – Être naïf, naïve.

■ 5 ■ *Faites passer la parole.*

• *Comme dans l'exemple, imaginez une situation en quatre répliques.*
Exemple : **A** – Tu as vu, quelqu'un a volé la machine à café.
         B – Tu plaisantes ?
         A – Non, pas du tout.
         B – Mais ce n'est pas possible ! Elle est énorme. Je n'en reviens pas !

■ 6 ■ *Informez-vous.* 🎧 Écoute 3

1. Quelle est la relation entre les deux personnes qui parlent?
2. Que vont-ils faire ce week-end? Pourquoi?
3. L'homme est-il content? Pourquoi?

• *Prenez des notes.*

....
....
....
....
....
....

• *Discutez avec les autres apprenants pour contrôler ou compléter vos informations.*

■ 7 ■ *Jouez la scène.*

Béatrice : – Ah, François! Tu connais la nouvelle?
François : – Non, qu'est-ce qui se passe?

OUTILS

Annoncer une nouvelle
Tu sais ce qui s'est passé? Tu sais ce qui est arrivé?
Tu sais ce qui est arrivé **à** François? Tu sais ce qui m'est arrivé?
Tu ne devineras jamais ce qui m'est arrivé! / ce qui s'est passé.
Tu connais la nouvelle?
* Tu connais la dernière?
* Tu sais quoi?

■ 8 ■ *Échangez des informations.*

• *Complétez la liste des nouvelles que vous allez annoncer à votre partenaire.*

• *Annoncez vos nouvelles à votre partenaire. Exprimez votre surprise à l'annonce de ses nouvelles. Imaginez de petits dialogues.*

• *Notez les nouvelles de votre partenaire.*

Mes bonnes nouvelles	Les bonnes nouvelles de mon partenaire
Mes mauvaises nouvelles	**Ses mauvaises nouvelles**

■ **9** ■ *Interprétez.* 🎧 Écoute 4

• *Écoutez le dialogue et répondez aux questions.*

1. Quelle est la relation entre les deux personnes qui parlent?

2. Quelles sont les deux nouvelles annoncées par la femme?

3. Comment l'homme réagit-il?

• *Prenez des notes.*

....

....

....

• *Discutez avec les autres apprenants pour contrôler ou compléter vos informations.*

• *Imaginez la suite du dialogue entre les deux personnes.*

• *Notez vos idées.*

....

....

....

....

....

....

• *Jouez la scène avec votre partenaire.*

OUTILS

Le subjonctif après les verbes qui expriment un sentiment

On utilise le subjonctif après les verbes ou les locutions verbales qui expriment **un sentiment** quand les deux verbes ont un sujet différent.

• J'aime, j'adore, je déteste, je préfère, je regrette… ⎫

• J'ai horreur, j'ai peur… ⎬ **qu'il parte**

• Je suis heureux, triste, surpris, désolé, déçu… ⎭

L'infinitif

Quand les deux verbes ont le même sujet, le deuxième verbe est à l'infinitif.

• J'aime, j'adore, je déteste, je préfère… **partir**.

Attention!

• Je regrette, j'ai horreur, j'ai peur, je suis heureux… **de partir**.

■ **10** ■ *Donnez la réplique.*

• *Un apprenant lit la première phrase.*

• *Le deuxième lui donne la réplique en utilisant des verbes au subjonctif et à l'infinitif.*

Exemple: **A** – Oh! Il pleut!

        B – *Zut! Je déteste qu'il pleuve! Si ça continue, je préfère rester à la maison.

Premières phrases:

On va au cinéma? – Ma mère vient dîner à la maison ce soir. – Les enfants dorment chez leurs copains ce week-end. – Pourquoi tu as acheté cette voiture? – Tu veux jouer au football avec nous?

• *Imaginez d'autres phrases pour continuer l'exercice.*

11 ▪ Interprétez.

• *Deux amis parlent de leur femme et de leur mari. Ils disent ce qu'ils aiment et ce qu'ils n'aiment pas que leur mari ou que leur femme fasse.*

• *Imaginez leur conversation.*

• *Choisissez un rôle et préparez les questions et les réponses de votre personnage.*

....

....

....

....

....

....

• *Jouez la scène avec votre partenaire.*

12 ▪ Mettez-vous d'accord.

• *Observez le programme de télévision de ce soir.*

• *Choisissez ce que vous voulez regarder.*

• *Essayez de convaincre vos partenaires que votre choix est le meilleur.*

• *Discutez avec les autres apprenants pour vous mettre d'accord.*

TF1	France 2	ARTE
20.55	21.00	20.45
Star Académy	**Les Choristes**	**Voyage en Égypte**
Des chansons, encore des chansons, avec ce soir un invité surprise, et des grandes vedettes de la chanson française : Patricia Kass, Michel Sardou...	Un grand film français de Christophe Barratier, plein d'émotion...	Documentaire passionnant sur l'Égypte des pharaons et la construction des pyramides...

■ **13** ■ *Justifiez vos choix.*

• *Quel est le couple idéal ?*

Chloé et Alexandre

Julie et Nicolas

Violaine et Jérémie

• *Dites ce que vous aimez et ce que vous n'aimez pas dans chacun de ces couples.*

• *Imaginez leur vie. Comment vivent-ils ? Que font-ils le week-end, pendant les vacances ?*

• *Expliquez ce qu'est pour vous un couple idéal. Discutez avec les autres apprenants.*

OUTILS

La vie de famille
• La belle-famille (la famille de son mari ou de sa femme) – Vivre en couple, être marié, être « pacsé ».
• Le PACS (pacte civil de solidarité.)
• Être enceinte = attendre un enfant.

■ 14 ■ *Informez-vous.*

• *Lisez le texte.*

Un prénom pour la vie

Le choix d'un prénom est une affaire sérieuse et la plupart des couples commencent à y réfléchir bien avant la naissance de l'enfant. Certains parents choisissent un prénom classique, mais d'autres préfèrent qu'il soit original, qu'il évoque une personne célèbre, qu'il signifie quelque chose ou qu'il corresponde à la mode de leur époque car, bien sûr, il y a des modes.

Dans les années quatre-vingt, certains voulaient que le prénom de leur enfant fasse penser à la nature, c'est ainsi que sont nées les Fleur, Marine, Clémentine ou Océane.

Aujourd'hui les petites filles s'appellent souvent Léa, Camille, Manon, Sarah ou Emma, alors que les petits garçons s'appellent Lucas, Thomas, Hugo, Théo ou Quentin par exemple.

Dernière mode, certains parents donnent à leur enfant le nom d'un produit de luxe comme Chanel.

Depuis 1993, tout est permis en France, sauf si le prénom choisi par les parents peut causer des torts à l'enfant. ■

• *Préparez des questions sur le texte.*

....

....

....

....

• *Posez vos questions et répondez aux questions des autres apprenants.*

■ 15 ■ *Discutez.*

• *Répondez aux questions pour préparer la discussion.*

• *Donnez votre opinion. Discutez avec les autres apprenants.*

1. Que pensez-vous des parents qui donnent à leur enfant le nom d'une marque ?

....

2. Est-ce que, dans votre pays, les prénoms ont une signification ? Donnez des exemples.

....

3. Connaissez-vous des prénoms français qui signifient quelque chose ? Lesquels ?

....

4. Aimez-vous votre prénom ? L'avez-vous toujours aimé ? Savez-vous pourquoi vous portez ce prénom ?

....

■ 16 ■ *Réagissez.*

• *Décrivez le dessin et expliquez la situation.*

• *Qu'en pensez-vous ? Discutez avec les autres apprenants.*

■ **OBJECTIF FONCTIONNEL :** Exprimer son opinion – Porter un jugement sur quelque chose ou quelqu'un.

■ **OUTILS :** Les constructions impersonnelles avec l'infinitif et le subjonctif – Au bureau – L'entreprise.

■ **1** ■ *Répondez.* 🎧 ÉCOUTE **1**
1. Qu'y a-t-il de commun dans tous ces dialogues ?
2. Notez les expressions utilisées pour exprimer ce point commun.

....

....

■ **2** ■ *Répétez.* 🎧 ÉCOUTE **2**
Attention à l'intonation !

■ **3** ■ *Imaginez la situation.*
• *Pour chaque mini-dialogue, imaginez la situation.*

....

....

....

....

• *Discutez avec les autres apprenants pour vous mettre d'accord.*

■ **4** ■ *Jouez la scène.*
• *Jouez les dialogues avec un partenaire en ajoutant des éléments complémentaires.*
• *N'oubliez pas d'utiliser les éléments de l'écoute.*

OUTILS

Exprimer son opinion

Introduire son opinion		Exprimer son accord ou son désaccord
À mon avis, …	Pour ma part, …	Je suis d'accord – Je ne suis pas d'accord.
D'après moi, …	Pour moi, …	Je suis de votre avis – Je ne suis pas de votre avis.
Selon moi, …	Personnellement, …	Je suis pour – Je suis contre.
	… je pense/crois/trouve que,	Tu as raison – Tu as tort.

■ **5** ■ *Faites passer la parole.*
• *Comme dans l'exemple, imaginez une situation en quatre répliques.*
Exemple : **A** – Le français, c'est très facile.
      B – Ah non ! Je ne suis pas d'accord avec toi. Personnellement, j'ai des difficultés.
      A – À mon avis, tu ne travailles pas assez.
      B – Je ne suis pas de ton avis. Je travaille autant que toi !

■ 6 ■ *Informez-vous.* 🎧 Écoute 3

1. Où se passe la scène et qui sont les deux personnes qui parlent ?
2. De quoi parlent-elles ?
3. Mme Lormand est-elle satisfaite ? Qu'est-ce qu'elle souhaite ?
4. L'homme est-il d'accord avec elle ?

• *Prenez des notes.*

....
....
....
....
....
....

• *Discutez avec les autres apprenants pour contrôler ou compléter vos informations.*

■ 7 ■ *Jouez la scène.*

Le directeur :   – Alors, madame Lormand, que pensez-vous de votre nouveau bureau ?
Mme Lormand : – Il est très bien, monsieur le directeur, mais… d'après moi il est nécessaire…

OUTILS

Les constructions impersonnelles avec l'infinitif
On peut former beaucoup de locutions verbales à sujet impersonnel avec le verbe **être**.
• Il est (c'est) nécessaire / utile / pratique…
• Il est (c'est) possible / interdit / dangereux…   }   **de** + *verbe à l'infinitif*
• Il est (c'est) agréable / ennuyeux / amusant…

Au bureau
Un ordinateur, l'écran, le clavier, la souris – Un imprimante – Un graveur.

■ 8 ■ *Échangez des informations.*

• *Comment voyez-vous la vie en France ? Complétez votre fiche comme vous le souhaitez*

• *Expliquez à votre partenaire ce qui est nécessaire, agréable… pour vous et demandez-lui son avis. Discutez ensemble et notez ses choix.*

Exemple :   – À mon avis, c'est nécessaire de parler français. Qu'en penses-tu ?
         – Je ne suis pas d'accord. je parle anglais, ça suffit. Pour moi, il est nécessaire de…

Mes idées	Les idées de mon partenaire
C'est nécessaire de	C'est nécessaire de ....
C'est agréable de	C'est agréable de ....
C'est impossible de	C'est impossible de ....
C'est	C'est ....
C'est	C'est ....

■ **9** ■ *Discutez.*

• *Que pensez-vous de ces activités ? Sont-elles utiles, agréables, dangereuses… ?*

• *Donnez votre avis et demandez l'avis des autres.*

• *Préparez vos idées.*

....

....

....

....

....

....

• *Discutez avec les autre apprenants.*

■ **10** ■ *Interprétez.* 🎧 ÉCOUTE 4

• *Quelle est la situation ?*

....

• *Discutez avec les autres apprenants pour contrôler votre compréhension.*

• *Imaginez la suite du dialogue entre les deux personnes.*

• *Notez vos idées.*

....

....

....

....

....

....

....

....

• *Jouez la scène avec votre partenaire.*

Le mari : – Nicole, ne m'attends pas pour dîner ce soir, c'est possible que je sois obligé de travailler tard.

La femme : – Tu plaisantes ? …

OUTILS

Les constructions impersonnelles avec le subjonctif

On utilise le subjonctif après les constructions impersonnelles quand le deuxième verbe a un sujet propre.

• Il est (c'est) dangereux / préférable / possible… **que tu ailles** plus vite.

Exceptions. Les constructions impersonnelles qui expriment une certitude ou une forte probabilité ne sont pas suivies du subjonctif.

• Il est (c'est) clair / évident / sûr / certain / probable <u>qu'il est venu</u> / <u>qu'il vient</u> / <u>qu'il viendra</u>.

■ 11 ■ *Interprétez.*

• *La famille Duquesne et la famille Léonard ont acheté ensemble une petite maison de vacances.*

• *Ils font des projets pour sa rénovation mais ils ne sont pas toujours d'accord.*

• *Choisissez un rôle et préparez les questions et les réponses de votre personnage.*

....

....

....

....

....

....

• *Discutez avec les autres apprenants.*

Projet de la famille Duquesne

Projet de la famille Léonard

■ **12** ■ *Mettez-vous d'accord.*

• *Ensemble, vous souhaitez créer une petite entreprise.*

• *Choisissez le projet qui vous intéresse le plus et discutez avec les autres apprenants pour vous mettre d'accord.*

• *Quand vous êtes d'accord sur le choix du projet, imaginez comment vous allez le réaliser (financement, décoration, organisation…).*

• *Donnez votre avis sur ce qui serait possible / utile / nécessaire… que chacun fasse dans l'entreprise.*

OUTILS

L'entreprise
• Créer une entreprise – Gérer l'entreprise, la gestion – Passer ≠ recevoir les commandes – Faire la comptabilité – Rechercher une clientèle (des clients) – Faire de la publicité.
• Un salarié reçoit un salaire – On travaille pour gagner sa vie – Les congés payés (les vacances).

■ 13 ■ Informez-vous.

• Lisez le texte.

La France des 35 heures

Les Français sont-ils travailleurs ? Bien sûr ! Les salariés travaillent en moyenne 35 heures par semaine mais plutôt sérieusement. Pour certains, ce n'est pas assez. Ils pensent qu'il serait nécessaire de travailler plus pour améliorer l'économie nationale. Pour d'autres, c'est trop. Ils estiment qu'il faut partager le travail et donner à chacun une possibilité de gagner sa vie. Les hommes politiques ne sont pas d'accord entre eux, mais la plupart des Français souhaitent conserver cette semaine de 35 heures qui leur permet de passer plus de temps en famille ou de pratiquer leurs activités de loisirs.

Pour les loisirs, il y a aussi les congés payés, 5 semaines par an que les Français jugent absolument nécessaires. Et puis, il y a différentes occasions de la vie qui permettent de prendre quelques jours de congé supplémentaires, comme un mariage, ou la naissance d'un enfant. ■

• Préparez des questions sur le texte.

....

....

....

....

• Posez vos questions et répondez aux questions des autres apprenants.

■ 14 ■ Discutez.

• Répondez aux questions pour préparer la discussion.

• Donnez votre opinion. Discutez avec les autres apprenants.

1. Combien d'heures par semaine travaille-t-on dans votre pays ?

....

2. Combien de jours de congés payés peut-on avoir chaque année ? Qu'en pensez-vous ?

....

3. Dans l'idéal, combien d'heures voudriez-vous travailler chaque semaine ?

....

4. Pensez-vous qu'il est normal qu'on ait des congés pour certains événements de la vie ?

....

■ 15 ■ Réagissez.

• Décrivez le dessin et expliquez la situation. Qu'en pensez-vous ? Discutez avec les autres apprenants.

BILAN

Posez la question ou donnez la réplique.

Vous devez, pour chaque phrase, donner une ou plusieurs répliques différentes.
Attention, vous ne devez pas utiliser les mêmes réponses pour différentes phrases.

Donnez la réplique.

« Marion ! Les enfants ont encore perdu les clés de l'appartement ! »

1. « .... »   **2.** « .... »

3. « .... »   **4.** « .... »

5. « Oh, reste calme ! Ne .... pas ! »

« Qu'est-ce qu'on va faire pour les vacances ? »

6. « J'ai envie qu'on .... »

7. « J'espère qu'on .... »
« Et toi ? »

8. « Moi, je .... »

« Qu'est-ce qu'il faut que je fasse pour réussir le test de français ? »

9.-10. « I faut que tu ...., et que tu .... »

« Tu sais que ma fille va jouer dans un film de cinéma ? »

11. « .... »   **12.** « .... »

13. « .... »   **14.** « .... »
« Et pourtant, c'est vrai. »

« Tu connais la nouvelle ? J'ai gagné au Loto ! »

15. « ....? »   **16.** « ....? »
« Non, c'est vrai ! 500 000 euros ! »

« Moi, j'aime aller au cinéma, et toi ? »

17. « Moi, j'adore .... »

18. « Mais je préfère .... »

19. « Et je déteste .... »

20. « Et surtout j'ai horreur .... »

21. « Moi, je déteste que mes amis .... »

22. « Je préfère qu'ils .... »

« Quels sentiments éprouves-tu maintenant que tu pars ? »

23. « Je suis .... partir. »

24. « J'ai .... partir. »

« Qu'est-ce que tu penses de cet exercice ? »

25. « ...., il est difficile. »

26. « ...., je trouve qu'il est facile. »

« Moi, je pense qu'il est trop facile. »

27. « .... »

28. « .... »

« Tu es pour la manifestation de samedi ? »

29. « Non, je .... »

« Pauline va venir à la soirée de samedi ? »

30. « Il est possible .... »

31. « Il est probable .... »

32. « C'est sûr .... »

33. « C'est nécessaire .... »

Posez la question.

34. « .... »

35. « .... »
« Non »
« Un passager est tombé du train ! »

36. « .... »

37. « .... »
« Non, quoi ?
– J'ai eu un accident avec la voiture du directeur. »

38. « .... »
« D'aller au restaurant. Et toi ? »

39. « .... »
« Qu'il m'invitera à dîner. »

40. « .... »
« Que j'écrive à mes parents ! »

COMPTEZ VOS POINTS

Vous avez **plus de 30 points** : BRAVO ! C'est très bien. Vous pouvez passer à l'unité suivante.
Vous avez **plus de 20 points** : C'est bien, mais regardez vos erreurs, cherchez les réponses possibles dans les leçons et refaites le test. Ensuite, passez à l'unité suivante.
Vous avez **moins de 20 points** : Vous n'avez pas bien mémorisé cette unité, reprenez-la complètement (avec les corrigés), puis recommencez l'autoévaluation. Bon courage !

POUR AVOIR DES PRÉCISIONS

1. Imiter

> ■ **OBJECTIF FONCTIONNEL :** Demander et donner des informations complexes.
>
> ■ **OUTILS :** La question complexe – La négation complexe – La négation avec *aucun/aucune* – La forme.

■ 1 ■ *Répondez.* 🎧 ÉCOUTE 1

1. Notez la question posée dans chacun des dialogues.
2. Combien d'informations différentes sont demandées dans chacune de ces questions ?

....

....

■ 2 ■ *Répétez.* 🎧 ÉCOUTE 2

Attention à l'intonation !

■ 3 ■ *Imaginez la situation.*

• *Pour chaque mini-dialogue, imaginez la situation.*

....

....

....

....

• *Discutez avec les autres apprenants pour vous mettre d'accord.*

■ 4 ■ *Jouez la scène.*

• *Jouez les dialogues avec un partenaire en ajoutant des éléments complémentaires.*

• *N'oubliez pas d'utiliser les éléments de l'écoute.*

OUTILS

La question complexe

On peut demander plusieurs informations dans une même question.
Exemples : Il y a déjà quelqu'un dans la salle ? – Tu as encore quelque chose à faire ?

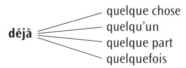
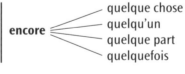
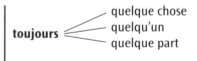

■ 5 ■ *Faites passer la parole.*

• *Comme dans l'exemple, imaginez une situation en trois répliques. Répondez « oui » aux questions.*
Exemple :   **A** – Tu as déjà fait l'exercice de français pour demain ?
            B – Oui, je l'ai déjà fait pendant la pause.
            A – C'est bien, moi aussi je l'ai déjà fait.

■ **6** ■ *Informez-vous.* 🎧 Écoute 3

1. Qui sont les deux personnes qui parlent?
2. De quoi parlent-elles?
3. Notez les constructions négatives.

• *Prenez des notes.*

....
....
....
....
....

• *Discutez avec les autres apprenants pour contrôler ou compléter vos informations.*

■ **7** ■ *Jouez la scène.*

A – Suzie! Tu as déjà envoyé les bons de commande?
B – Non, je n'ai encore rien envoyé, mais je vais…

OUTILS

La négation complexe

≠ déjà quelque chose / quelqu'un / quelque part / quelquefois	≠ encore qqch. / qqn / quelque part / quelquefois	≠ toujours qqch. / qqn / quelque part/
Je n'ai **encore rien** lu.	Je n'ai **plus** vu **personne**.	Je n'ai **jamais** vu **personne**.
Je n'ai **encore** vu **personne**.	Je n'ai **plus rien** lu.	Je n'ai **jamais rien** lu.
Je **ne** suis **encore** allé **nulle part**.	Je **ne** suis **plus** allé **nulle part**.	Je **ne** suis **jamais** allé **nulle part**.
Je **ne** l'ai **encore jamais** vu.	Je **ne** l'ai **plus jamais** vu.	
Personne n'est **encore** venu.	**Personne n'**a **plus** parlé.	**Personne n'**a **jamais** volé.
Rien n'est **encore** arrivé.	**Rien n'**est **plus** arrivé.	**Rien n'**a **jamais** été expliqué.

■ **8** ■ *Échangez des informations.*

• *Choisissez un paysage et imaginez des questions qui demandent une réponse négative.*

• *Posez vos questions et répondez à celles de votre partenaire sur son paysage.*

• *Notez les réponses de votre partenaire.*

Vos questions	**Les réponses de votre partenaire**
....	....
....	....
....	....
....	....

■ 9 ■ *Interprétez.*

• *Ils sont frère et sœur, mais ils ne se ressemblent pas du tout.*

• *Ils ne supportent pas le mode de vie de l'autre. Ils se font des reproches, ils se disputent.*

• *Imaginez leur conversation.*

• *Choisissez un rôle, et préparez les questions et les réponses de votre personnage.*

....

....

....

....

....

....

• *Jouez la scène avec votre partenaire.*

■ **10** ■ *Interprétez.* 🎧 Écoute 4

• *Écoutez le dialogue et répondez aux questions.*

1. De quoi les deux hommes parlent-ils?

2. Pourquoi Pierre est-il étonné?

• *Prenez des notes.*

....

....

• *Discutez avec les autres apprenants pour contrôler ou compléter vos informations.*

• *Imaginez la suite du dialogue entre les deux personnes.*

• *Notez vos idées.*

....

....

....

....

....

....

....

....

• *Jouez la scène avec votre partenaire.*

Francis : – Ah Pierre, salut! Tu as vu le match de football hier soir à la télévision?

Pierre : – Tu plaisantes? Je n'ai jamais regardé aucun match de…

OUTILS

La négation avec « aucun/aucune »

• Vous avez des amis?   – Non, je **n'**ai **aucun** ami. Je **n'en** ai **aucun**.
  Vous avez des amies?   – Non, je **n'**ai **aucune** amie. Je **n'en** ai **aucune**.

• Vos amis sont venus?   – Non, **aucun n'**est venu.
  Vos amies sont venues?   – Non, **aucune n'**est venue.

■ **11** ■ *Imaginez.*

• *M. Muscle a une vie compliquée car il doit tout faire pour rester beau.*

• *Imaginez le plus de phrases possible sur sa vie à la forme négative.*

Exemple: Il <u>ne</u> mange <u>jamais rien</u> de gras.

....

....

....

....

....

....

• *Comparez vos réponses avec celles des autres apprenants.*

■ **12** ■ *Mettez-vous d'accord.*

• *Regardez ces activités sportives et choisissez celle que vous aimeriez pratiquer.*

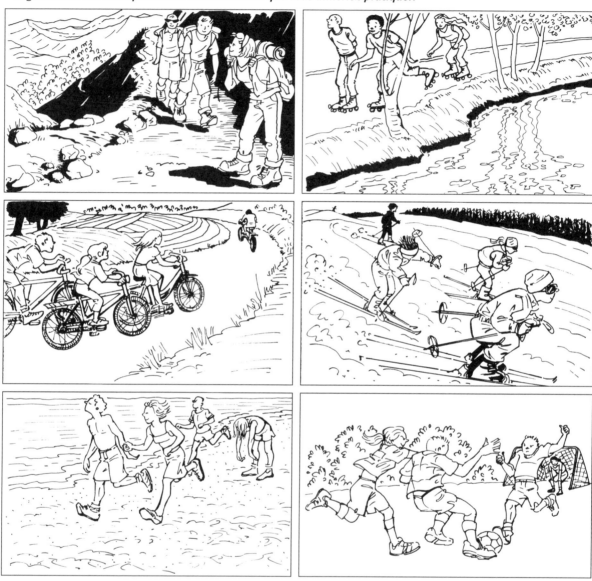

• *Vous souhaitez pratiquer cette activité tous ensemble.*

• *Essayez de convaincre les autres apprenants que votre choix est le meilleur.*

• *Expliquez ce qui est négatif dans les activités que vous ne voulez pas faire.*

• *Discutez avec les autres apprenants pour vous mettre d'accord.*

OUTILS

La forme
• Faire du sport, pratiquer un sport. – Un sport individuel ≠ un sport collectif.
• Avoir la forme, être en forme, être en pleine forme = être en bonne santé et avoir le moral.
• Avoir la ligne = être mince – Avoir une allure sportive – Être musclé.

■ **13** ■ *Informez-vous.*

• *Lisez le texte.*

Les Français sont-ils sportifs ?

Si l'on en juge par les magasins de sport qui se multiplient de façon spectaculaire depuis une quinzaine d'années, la réponse est « oui ». Même s'ils ne pratiquent pas toujours leur sport favori dans des clubs, beaucoup de Français ont une activité sportive. La randonnée connaît un grand succès auprès des jeunes et des moins jeunes. On marche partout : à la campagne comme à la montagne ou au bord de la mer. Le sport, tout le monde le dit, c'est bon pour la santé. Alors, pour rester en forme, il faut faire des efforts.

On pratique des sports individuels comme la gymnastique, la natation, le roller et bien sûr le footing. Le dimanche matin, impossible de se promener sans rencontrer quelques coureurs à pied. De tous les sports collectifs, le football reste le plus pratiqué en France, et si les succès de l'équipe nationale sont moins bons que dans le passé, c'est tout de même le sport qui attire le plus de téléspectateurs. ■

• *Préparez des questions sur le texte.*

....
....
....
....

• *Posez vos questions et répondez aux questions des autres apprenants.*

■ **14** ■ *Discutez.*

• *Répondez aux questions pour préparer la discussion.*

• *Donnez votre opinion. Discutez avec les autres apprenants.*

1. Est-ce que beaucoup de gens font du sport dans votre pays ? Quel sport est le plus populaire ?

....

2. Quels sports pratiquent les hommes, les femmes, les enfants, les jeunes, les personnes âgées ?

....

3. Et vous, pratiquez-vous un sport ? Lequel ? Pourquoi ?

....

4. À votre avis, le sport c'est agréable ? nécessaire ? dangereux ? Trouvez d'autres qualificatifs.

....

■ **15** ■ *Réagissez.*

• *Décrivez le dessin et expliquez la situation.*

• *Qu'en pensez-vous ? Discutez avec les autres apprenants.*

 **LEÇON 2**

POUR ALLER PLUS LOIN
1. Imiter

■ **OBJECTIF FONCTIONNEL :** S'assurer de la compréhension de son interlocuteur – Tirer des conclusions.

■ **OUTILS :** La conséquence – L'expression de la conséquence liée à une idée d'intensité ou de quantité – Les monuments.

■ 1 ■ ***Répondez.*** 🎧 ÉCOUTE 1
1. Qu'y a-t-il de commun dans tous ces dialogues ?
2. Notez les expressions utilisées pour exprimer ce point commun.

....

....

■ 2 ■ ***Répétez.*** 🎧 ÉCOUTE 2
Attention à l'intonation !

■ 3 ■ ***Imaginez la situation.***
• *Pour chaque mini-dialogue, imaginez la situation.*

....

....

....

....

• *Discutez avec les autres apprenants pour vous mettre d'accord.*

■ 4 ■ ***Jouez la scène.***
• *Jouez les dialogues avec un partenaire en ajoutant des éléments complémentaires.*
• *N'oubliez pas d'utiliser les éléments de l'écoute.*

OUTILS

S'assurer de la compréhension de son interlocuteur
- Tu vois ?/Vous voyez ?
- Tu comprends ?/Vous comprenez ?
- Tu saisis ?/Vous saisissez ?
- Tu me suis ?/Vous me suivez ?
- C'est clair ?
- C'est bon ?

■ 5 ■ ***Faites passer la parole.***
• *Comme dans les exemples, imaginez une situation en trois répliques.*
Exemples : **A** – Après, tu ajoutes le lait et tu mélanges très doucement. Tu me suis ?
     B – Oui. Quand les œufs et le sucre sont bien mélangés, j'ajoute le lait.
     A – Oui, c'est ça. Et tu mélanges très doucement.

     B – Quand tu as fini d'installer le programme, tu cliques sur « redémarrer ». C'est clair ?
     C – Oui, c'est clair, mais je ne sais pas si je m'en souviendrai à la maison.
     B – Alors, prends des notes !

■ 6 ■ *Informez-vous.* 🎧 Écoute 3

1. Pourquoi Juliette a-t-elle l'air bizarre.
2. Qu'est-ce qui s'est passé?
3. Relevez les mots qui introduisent une conséquence.

• *Prenez des notes.*

....
....
....
....
....
....

• *Discutez avec les autres apprenants pour contrôler ou compléter vos informations.*

■ 7 ■ *Jouez la scène.*

Lucas :   – *Ben Juliette, qu'est-ce qui t'arrive? Tu as l'air bizarre?
Juliette : – Je viens d'avoir un accident?

OUTILS

La conséquence
Pour introduire une conséquence, on peut utiliser en début de phrase :
• **donc – alors – c'est pourquoi**
• **du coup – résultat : – total :** – (plus utilisés à l'oral)
Elle n'a pas d'argent, donc / alors / c'est pourquoi / du coup / résultat : / total : il paie pour elle.
Donc peut se placer après le verbe : Elle n'a pas d'argent ; il paie **donc** pour elle.

■ 8 ■ *Échangez des informations.*

• *Complétez les premières phrases de votre fiche et imaginez des conséquences possibles.*
• *Posez des questions à votre partenaire sur ses activités et répondez à ses questions.*
• *Faites l'exercice comme une conversation.*
• *Notez les réponses de votre partenaire.*

Ma fiche	La fiche de mon partenaire
Lundi, je suis tombé(e)	Lundi, il/elle est tombé(e) ....
Mardi, j'ai rencontré	Mardi, il/elle a rencontré ....
Mercredi, j'ai bu	Mercredi, il/elle a bu ....
Jeudi, j'ai	Jeudi, ...
Vendredi, j'ai	Vendredi, ...

■ **9** ■ *Interprétez.*

• *Deux amies discutent à la terrasse d'un café. Chacune raconte ce qui s'est passé depuis leur dernière rencontre et pose des questions à son amie sur son histoire.*

• *Imaginez leur conversation.*

• *Choisissez un rôle, et préparez les questions et les réponses de votre personnage.*

....

....

....

....

....

....

• *Jouez la scène avec votre partenaire.*

10 ■ Interprétez. 🎧 Écoute 4

• *Écoutez le dialogue et répondez aux questions.*

1. Qui sont les deux personnes qui parlent?

2. Qu'est-ce que l'homme veut savoir?

3. Qu'est-ce que la femme aime?

• *Prenez des notes.*

....

....

....

• *Discutez avec les autres apprenants pour contrôler ou compléter vos informations.*

• *Imaginez la suite du dialogue entre les deux personnes.*

• *Notez vos idées.*

....

....

....

....

....

....

....

....

....

• *Jouez la scène avec votre partenaire.*

Un journaliste : – Mademoiselle Nelson, vous habitez en France depuis cinq, ans je crois. Est-ce que vous
connaissez bien notre pays?

Une étrangère : – Oui et non. Il y a tellement de choses à visiter en France que…

OUTILS

La conséquence liée à une idée d'intensité ou de quantité

• L'intensité porte sur un adjectif :
  Il est <u>très grand</u>. Il est **tellement** grand **qu'**il ne passe pas sous la porte. (**tellement = si**)

• L'intensité porte sur un verbe :
  Il lit <u>beaucoup</u>. Il lit **tellement qu'**il connaît tout. (**tellement = tant**)

• La quantité porte sur un nom :
  Il a <u>beaucoup d'amis</u>. Il a **tellement d'**amis **qu'**il n'est jamais seul. (**tellement de = tant de**)

11 ■ Donnez la réplique.

• *Un apprenant lit la première phrase.*

• *Le deuxième lui donne la réplique en modifiant cette phrase pour y ajouter une conséquence.*

Exemple : **A** – Il fait trop chaud aujourd'hui.

        B – Oui, il fait tellement / si chaud que je suis fatigué.

Premières phrases :

Tes amis ont beaucoup d'argent. – Tu travailles trop. – Le professeur nous donne trop de travail. – Ton petit
frère est très sympathique. – Il pleut beaucoup depuis quelques semaines. – Ce livre est très intéressant.

• *Imaginez d'autres phrases pour continuer l'exercice.*

....

....

....

■ **12** ■ *Mettez-vous d'accord.*

• *Connaissez-vous ces monuments? Lequel vous intéresse le plus?*

• *Imaginez: ils sont tous à vendre. Vous pouvez choisir celui que vous préférez et le faire installer où vous voulez.*

• *Discutez avec les autres apprenants, et mettez-vous d'accord sur le choix du monument et le lieu où vous souhaitez l'installer. Imaginez les conséquences de son déplacement pour son pays d'origine et pour son pays de destination.*

OUTILS

Les monuments
• Une statue – Un sphinx – Une pyramide – Monument religieux: un temple, une cathédrale – Un arc de triomphe – Des ruines (restes de monuments détruits) – Des remparts (grand mur qui entoure la ville).

■ 13 ■ Informez-vous.

• Lisez le texte.

La France des monuments

La France est riche en monuments qui font souvent la fierté de ses habitants. Chaque région a les siens, anciens ou modernes. Des grottes préhistoriques à la pyramide de verre du Louvre, tous racontent l'histoire du pays et c'est pourquoi ils occupent une place importante dans le cœur des Français. Une fois par an, à l'occasion de la Journée du patrimoine, de nombreux monuments et musées ouvrent gratuitement leurs portes à tous les visiteurs.

Quel est le monument le plus visité à Paris? La tour Eiffel évidemment. C'est le monument le plus populaire mais il y en a bien d'autres, à Paris comme en province : des châteaux, des cathédrales, des villes fortifiées entourées de remparts, des arcs de triomphe, des monuments antiques comme des arènes ou des théâtres, il y en a pour tous les goûts. Alors, n'hésitez pas, venez visiter la France ! ■

• Préparez des questions sur le texte.

....
....
....
....

• Posez vos questions et répondez aux questions des autres apprenants.

■ 14 ■ Discutez.

• Répondez aux questions pour préparer la discussion.

• Donnez votre opinion. Discutez avec les autres apprenants.

1. Quels monuments français connaissez-vous?

....

2. Quels sont les monuments les plus importants de votre pays?

....

3. Quand vous voyagez, êtes-vous intéressé par la visite des monuments? Pourquoi?

....

4. Quel est le monument que vous auriez le plus envie de visiter si vous le pouviez?

....

■ 15 ■ Réagissez.

• Décrivez le dessin et expliquez la situation.

• Qu'en pensez-vous? Discutez avec les autres apprenants.

■ **OBJECTIF FONCTIONNEL :** S'informer – Donner des indications – Exprimer ses objectifs.

■ **OUTILS :** L'expression du but – Les collections.

■ **1** ■ *Répondez.* 🎧 ÉCOUTE 1

1. Qu'y a-t-il de commun dans tous ces dialogues ?
2. Notez les expressions utilisées pour exprimer ce point commun.

....

....

■ **2** ■ *Répétez.* 🎧 ÉCOUTE 2

Attention à l'intonation !

■ **3** ■ *Imaginez la situation.*

• *Pour chaque mini-dialogue, imaginez la situation.*

....

....

....

....

• *Discutez avec les autres apprenants pour vous mettre d'accord.*

■ **4** ■ *Jouez la scène.*

• *Jouez les dialogues avec un partenaire en ajoutant des éléments complémentaires.*
• *N'oubliez pas d'utiliser les éléments de l'écoute.*

OUTILS

S'informer

Sur la nature de quelque chose
• Qu'est-ce que c'est ?

Sur sa fonction
• À quoi ça sert ?
• Qu'est-ce qu'on peut faire avec ça ?

Sur son utilisation
• Comment ça (il/elle) marche ?
• Comment on s'en sert ?
• Vous avez le mode d'emploi ?
• Comment ça (il/elle) fonctionne ?
• Comment ça (il/elle) s'utilise ?

■ **5** ■ *Faites passer la parole.*

• *Comme dans les exemples, imaginez une situation en trois répliques.*

Exemples :   **A** – Oh ! qu'est-ce que c'est ?
           B – C'est mon nouveau téléphone portable.
           A – Tu m'expliques comment il fonctionne ?

           B – À quoi ça sert ce *truc ?
           C – Ça sert à nettoyer les vitres.
           B – Ah bon ! Et comment ça marche ?

■ **6** ■ *Informez-vous.* 🎧 Écoute 3

1. Qui sont les personnes qui parlent?
2. De quoi parlent-elles?
3. Comment fonctionne cet objet?

• *Prenez des notes.*

....
....
....
....
....
....
....

• *Discutez avec les autres apprenants pour contrôler ou compléter vos informations.*

■ **7** ■ *Jouez la scène.*

Un jeune garçon : – Grand-père, qu'est-ce que c'est cette chose bizarre dans l'entrée?
Le grand-père :   – C'est un…

OUTILS

Donner des indications

| Ça sert à
On s'en sert pour
On l'utilise pour | } + *verbe à l'infinitif* | Ça marche
Ça fonctionne
Ça s'utilise
On s'en sert | } comme ça. | *(la personne montre
le fonctionnement)* |

■ **8** ■ *Échangez des informations.*

• *Choisissez une fiche et imaginez à quoi servent les objets représentés sur cette fiche.*
• *Posez des questions à votre partenaire sur ses objets insolites et répondez à ses questions.*
• *Notez les explications de votre partenaire. Proposez d'autres explications pour ses objets.*
• *Faites l'exercice comme une conversation.*

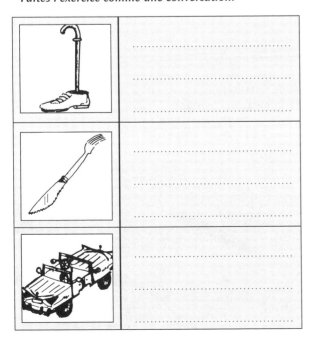

■ **9** ■ *Interprétez.* ⋒ Écoute 4

• *Écoutez le dialogue et répondez aux questions.*

1. Quelle est la relation entre les deux personnes qui parlent?
2. Pourquoi la jeune fille n'est-elle pas très contente?
3. Qu'est-ce que le garçon lui propose? Pourquoi?

• *Prenez des notes.*

....

....

....

• *Discutez avec les autres apprenants pour contrôler ou compléter vos informations.*

• *Imaginez la suite du dialogue entre les deux personnes.*

• *Notez vos idées.*

....

....

....

....

....

....

....

• *Jouez la scène avec votre partenaire.*

Noémie : – Dis, Philippe, ce *truc, je peux le jeter?
Philippe : – Tu plaisantes! C'est à François. Il s'en sert pour…

OUTILS

L'expression du but

• **Pour** + infinitif: Il travaille pour gagner sa vie.
  (les deux verbes ont le même sujet)
• **Pour que** + subjonctif: Il travaille pour que ses enfants soient heureux.
  (les deux verbes ont deux sujets différents)
• **Histoire de** + infinitif: On a invité des copains, histoire de s'amuser.
  (les deux verbes ont le même sujet ; le but est montré comme peu important).

■ **10** ■ *Discutez.*

• *Dans quel but fait-il cela?*

• *Imaginez toutes les possibilités.*

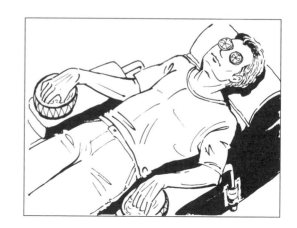

....

....

....

....

....

• *Faites des propositions et discutez avec les autres apprenants.*

• *Ils trient leurs affaires mais ils ne sont pas d'accord. Que faut-il garder ? Que faut-il jeter ?*

• *À quoi servent toutes ces choses ? Dans quel but les gardent-ils ?*

• *Imaginez leur conversation.*

• *Choisissez un rôle, et préparez les questions et les réponses de votre personnage.*

. . . .

. . . .

. . . .

. . . .

. . . .

• *Jouez la scène avec votre partenaire.*

■ **12** ■ *Mettez-vous d'accord.*

• *Mathieu, Ludivine, Caroline et Léopold sont des collectionneurs.*

• *Vous faites partie d'un comité qui doit attribuer une bourse de 50 000 euros à un collectionneur pour l'aider à réaliser ses rêves. Lequel allez-vous aider? Pourquoi?*

• *Imaginez ce que le gagnant pourra faire avec cet argent.*

• *Discutez avec les autres apprenants et mettez-vous d'accord.*

OUTILS

Les collections
  • Être collectionneur – Faire une collection – Collectionner quelque chose – Chercher une pièce rare, la pièce qui manque – Faire des échanges, échanger des pièces avec un autre collectionneur.

■ **13** ■ *Discutez.*

• *Êtes-vous collectionneur?*

• *Si oui, que collectionnez-vous? Depuis quand? Pourquoi?*

• *Si non, que pensez-vous des collectionneurs?*

■ 14 ■ Informez-vous.

• *Lisez le texte.*

Le « Palais idéal » du facteur Cheval

Il y a des gens qui jettent les choses dont ils n'ont plus besoin, et d'autres qui gardent tout. D'autres encore passent leur vie à chercher des objets pour les collectionner, ou les transformer en œuvres d'art.

Ferdinand Cheval, plus connu sous le nom du facteur Cheval, ramassait des cailloux.

Chaque jour, il distribuait le courrier comme tous les facteurs. Mais pendant sa tournée, il observait les pierres des chemins et emportait chez lui celles qui lui plaisaient le plus. Quand sa tournée était finie, il commençait sa journée d'artiste.

Pendant trente-trois ans, le facteur Cheval a construit son « Palais idéal » dans son village de la Drôme, avec les cailloux ramassés au hasard des chemins. Vingt-trois mètres de long, douze mètres de large, et décoré de sculptures, le palais du facteur Cheval est aujourd'hui visité par de nombreux touristes curieux d'admirer ce monument original. ■

• *Préparez des questions sur le texte.*

....

....

....

....

• *Posez vos questions et répondez aux questions des autres apprenants.*

■ 15 ■ Discutez.

• *Répondez aux questions pour préparer la discussion.*

• *Donnez votre opinion. Discutez avec les autres apprenants.*

1. Êtes-vous du genre à tout jeter ou à tout garder ? Expliquez pourquoi ?

....

2. Pourriez-vous vivre avec quelqu'un de différent de vous sur ce point ?

....

3. Pour vous, est-ce que les objets peuvent avoir une valeur sentimentale ? Donnez des exemples.

....

4. Avez-vous un objet fétiche ? Si oui, pourquoi ?

....

■ 16 ■ Réagissez.

• *Décrivez le dessin et expliquez la situation.*

• *Qu'en pensez-vous ? Discutez avec les autres apprenants.*

BILAN

Posez la question ou donnez la réplique.

Vous devez, pour chaque phrase, donner une ou plusieurs répliques différentes.
Attention, vous ne devez pas utiliser les mêmes réponses pour différentes phrases.

Donnez la réplique.

« Vous avez déjà bu quelque chose ? »

1. « Non, ... »

« Patrice, il va toujours quelque part le dimanche, et vous ? »

2. « Moi non, ... »

« Quelqu'un a encore une question ? »

3. « Non, ... »

« Quelque chose a déjà poussé dans ton jardin ? »

4. « Non, ... »

« Vous avez vu beaucoup de films indiens ? »

5. « Non, je .... »

« Vos amis sont tous venus pour votre anniversaire ? »

6. « Non, ... »

« Vous connaissez mes quatre filles ? »

7. « Non, ... »

« François avant, il était toujours fatigué, mais maintenant il va bien. »

8. « Oui, il fait du sport, il .... »

9. « Vous aimez les sports individuels ? » « Non, je préfère .... »

« Il a gagné auLoto, et alors ? »

10. « Il a gagné au Loto .... »

11. « Il a gagné au Loto .... »

12. « Il a gagné au Loto .... »

13. « Il a gagné au Loto .... »

« Vous savez, M. Noiret est très intelligent, donc il comprend tout. »

14. « Oui, je sais, il .... »

15. « Oui, ... »

« Mais il travaille trop, alors… ? »

16. « Oui, il .... »

17. « Oui, ... »

« Et il a beaucoup d'amis, alors… ? »

18. « Oui, il .... »

19. « Oui, il .... »

« Elle veut aller à Paris ? »

20. « Oui, elle a acheté des billets .... »

« Il veut que ses enfants soient musiciens ? »

21. « Oui, il les a inscrits dans une école .... »

« Pourquoi l'employé a-t-il volé cet argent ? »

22. « .... »   **23.** « .... »

« Pourquoi est-il sorti ? »

24. « Il est sorti .... »   **25.** « Il est sorti .... »

Posez la question.

26. « .... ? »   « Non, nous n'avons encore rien fait. »

27. « .... ? »   « Non, il n'y a jamais personne dans ce bus. »

28. « .... ? »   « Oui, le tennis. »

« C'est un sujet difficile, j'espère que je m'explique bien…

29. .... ? »   **30.** .... ? »

31. .... ? »   **32.** .... ? »

33. .... ? »   **34.** .... ? »
« Très bien. »

35. « .... ? »   « À laver les vitres. C'est très pratique. »

36. « .... ? »   **37.** « .... ? »

38. « .... ? »   **39.** « .... ? »
« Je ne sais pas, regarde le mode d'emploi. »

40. « .... ? »
« Pour que nous soyons contents. »

COMPTEZ VOS POINTS

Vous avez **plus de 30 points** : BRAVO ! C'est très bien. Vous pouvez passer à l'unité suivante.
Vous avez **plus de 20 points** : C'est bien, mais regardez vos erreurs, cherchez les réponses possibles dans les leçons et refaites le test. Ensuite, passez à l'unité suivante.
Vous avez **moins de 20 points** : Vous n'avez pas bien mémorisé cette unité, reprenez-la complètement (avec les corrigés), puis recommencez l'autoévaluation. Bon courage !

UNITÉ 1 · *LEÇON 1*

■ **ÉCOUTE 1 ET 2 PAGE 8** *plages 2 et 3*

- *Un homme :* — Bon, tu viens ou tu ne viens pas ?
- *Une femme :* — Bof ! Je ne sais pas trop… J'hésite…
- *Un homme :* — Dépêche-toi, ça va commencer !

Deux femmes.

- *A :* — Tu le prends, oui ou non ?
- *B :* — Je n'arrive pas à me décider… je vais réfléchir…
- *A :* — Prends-le, il te va bien !

Deux femmes.

- *A :* — Tu sais ce que tu vas lui offrir ?
- *B :* — Je n'en sais rien… je ne sais pas quoi choisir.
- *A :* — Je te comprends, ce n'est pas facile.
- *Une femme :* — Bon, tu te décides ?
- *Un homme :* — Eh bien… c'est-à-dire que…, je vais voir…
- *Une femme :* — Si on n'y va pas ce week-end, on peut y aller le week-end prochain ?

■ **ÉCOUTE 3 PAGE 9** *plage 4*

- *Mathieu :* — Carole ! Tu as envie d'aller au cinéma ce soir ?
- *Carole :* — Bof ! Je n'en suis pas sûre.
- *Mathieu :* — Pourquoi ?
- *Carole :* — Je ne sais pas… Je me demande si c'est une bonne idée. C'est samedi, non ?
- *Mathieu :* — Oui, et alors ?
- *Carole :* — Alors il va y avoir un monde fou.
- *Mathieu :* — Bon, tu veux y aller ou pas ?
- *Carole :* — Non, je ne crois pas. Je n'aime pas faire la queue.
- *Mathieu :* — Si tu veux, on peut aller à la patinoire ou à la piscine. Qu'est-ce qui te plairait le mieux ? Choisis.
- *Carole :* — Je n'en sais rien. À la piscine, il faut se déshabiller… se rhabiller… et à la patinoire… il fait froid.
- *Mathieu :* — Bon alors, tu te décides ? C'est oui ou c'est non ?
- *Carole :* — Et toi, qu'est-ce que tu en penses ?
- *Mathieu :* — C'est comme tu veux.
- *Carole :* — Bon ben… non, c'est non.
- *Mathieu :* — Très bien. Tu ne veux pas aller au cinéma. Tu ne veux pas aller à la piscine, tu ne veux pas aller à la patinoire. Donc, on va dîner chez mes parents.
- *Carole :* — Non !
- *Mathieu :* — Si !

■ **ÉCOUTE 4 PAGE 10** *plage 5*

- *Une femme :* — Dis donc, mon Minou, qu'est-ce que tu veux pour ton anniversaire ?
- *Un homme :* — Mon anniversaire ? Ah oui, c'est vrai, 35 ans ! Je deviens vieux !
- *Une femme :* — Mais non, mon chéri, tu es encore assez jeune pour moi ! Alors, qu'est-ce qui te ferait plaisir ?
- *Un homme :* — Je ne sais pas… je vais réfléchir.
- *Une femme :* — Réfléchir ? Mais tu n'as plus le temps ! C'est demain ton anniversaire. Tu ne voudrais pas un beau livre, ou bien… je ne sais pas moi, une jolie montre ?
- *Un homme :* — Ben… un livre, je me demande si c'est une bonne idée ? Une nouvelle montre peut-être ? Ou alors, un…

· *LEÇON 2*

■ **ÉCOUTE 1 ET 2 PAGE 14** *plages 6 et 7*
Deux femmes.

- *A :* — C'est fou, il m'a invitée !
- *B :* — Ah bon ! Et qu'est-ce que tu comptes faire ?
- *A :* — Je pense y aller…
- *Un homme :* — Elle te plaît ?
- *Une femme :* — Oui, et toi ?

• *Un homme :*	– Beaucoup, j'ai l'intention de l'acheter.
• *Une femme :*	– Non !?
Deux femmes	
• *A :*	– Tu en as parlé à Jérôme ?
• *B :*	– Non, j'ai prévu de lui dire demain.
• *A :*	– Qu'est-ce qu'il va faire ?
• *B :*	– Ça, je n'en sais rien.
• *Un homme :*	– Tu crois que je dois lui répondre ?
• *Une femme :*	– Mais oui, bien sûr !
• *Un homme :*	– Peut-être que je lui écrirai demain.
• *Une femme :*	– Bonne idée !

■ ÉCOUTE 3 PAGE 15 *plage 8*

• *Une femme :*	– Ah enfin, la semaine est finie ! Je suis fatiguée. J'ai l'intention de faire la grasse matinée demain.
• *Un homme :*	– Et après, qu'est-ce que tu comptes faire ?
• *Une femme :*	– J'ai prévu de faire des courses avec ma copine Lili, mais je ne suis pas sûre d'avoir assez de courage. Et toi, qu'est-ce que tu penses faire ?
• *Un homme :*	– Peut-être que j'irai au cinéma. Il y a un nouveau film avec Audrey Tautou, tu la connais ?
• *Une femme :*	– Bien sûr, elle est *super !
• *Un homme :*	– Tu ne veux pas venir avec moi ?
• *Une femme :*	– Je ne sais pas. Je vais réfléchir.
• *Un homme :*	– Allez, viens !
• *Une femme :*	– Oh maintenant, je ne sais plus quoi faire ! Et qu'est-ce que je vais dire à Lili ?
• *Un homme :*	– Alors, tu es décidée ? Tu viens avec moi ?

• *LEÇON 3*

■ ÉCOUTE 1 ET 2 PAGE 20 *plages 9 et 10*

• *Un homme :*	– Oh, comme il est mignon !
• *Une femme :*	– Oui ! Regarde ses petites mains !
• *Un homme :*	– Quel courage, il est vraiment extraordinaire !
• *Une femme :*	– Oui, avec ce froid, je ne sais pas comment il a fait.
• *Un homme :*	– Qu'est-ce qu'elle est belle !
• *Une femme :*	– Elle te plaît ? Moi, je la trouve trop grande.

• *Une femme :*	– Ah, qu'il est gentil ! Il a pensé à tout le monde !
• *Un homme :*	– C'est vrai, il n'oublie jamais personne !

■ ÉCOUTE 3 PAGE 21 *plage 11*

• *Un homme :*	– Marielle, quelle robe vas-tu mettre ce soir ?
• *Marielle :*	– Je ne sais pas… Laquelle tu préfères ?
• *Un homme :*	– La bleue peut-être. Essaie-la. *(pause)* Ouah ! Qu'est-ce qu'elle te va bien ! Si tu la mets, tu seras la plus belle de la soirée !
• *Marielle :*	– Arrête tes bêtises ! Et quelles chaussures je vais mettre avec ?
• *Un homme :*	– Des chaussures à talons, bien sûr !
• *Marielle :*	– Lesquelles, les noires ou les grises ?
• *Un homme :*	– Je ne sais pas trop… Si tu mets les noires, tu n'auras pas mal aux pieds ?
• *Marielle :*	– Non, je ne crois pas. Elles sont assez confortables.
• *Un homme :*	– Alors mets les noires. Je les trouve très élégantes.
• *Marielle :*	– D'accord. Et toi, qu'est-ce que tu mets ?
• *Un homme :*	– Ben… mon jean et une chemise blanche bien sûr.
• *Marielle :*	– Ça, c'est original ! Tu as des tas de vêtements et tu mets toujours la même chose ! Et ne me dis pas que tu vas mettre tes baskets ?
• *Un homme :*	– Ben… quelles chaussures veux-tu que je mette ? Les noires, elles me font mal aux pieds…
• *Marielle :*	– Mets les marron, elles sont très jolies et tu ne les mets jamais.
• *Un homme :*	– Puisque tu me le demandes gentiment, je vais les mettre. C'est bien pour te faire plaisir !

■ ÉCOUTE 4 PAGE 22 *plage 12*

• *Sarah :*	– Allô, Florent ?
• *Florent :*	– Oui, salut Sarah.
• *Sarah :*	– Salut ! Qu'est-ce qu'on fait finalement cet après-midi ? On va visiter un musée ?
• *Florent :*	– Ça m'est égal. Choisis, toi.
• *Sarah :*	– Mais toi, qu'est-ce que tu veux faire ?

• Florent :	– N'importe quoi, je te dis, je m'en *fiche. J'ai envie de sortir, c'est tout.
• Sarah :	– Bon, on peut aller au musée d'Art moderne ou au Musée régional. Tu sais, c'est dans le nouveau bâtiment derrière l'opéra.
• Florent :	– Oui, j'en ai entendu parler.
• Sarah :	– Lequel tu préfères ?
• Florent :	– N'importe lequel. Vraiment pour moi, peu importe lequel.
• Sarah :	– Je vois que tu n'as pas beaucoup d'idées aujourd'hui. Et… est-ce que tu as envie de sortir avec n'importe qui aussi ?
• Florent :	– Mais non, pas du tout !

■ **ÉCOUTE 5 PAGE 25** *plage 13*
– Alors, qui prend les décisions importantes à la maison ? Les hommes, les femmes, ou les deux ?

– Ça dépend. Ça dépend des personnes, des familles, des décisions qu'il faut prendre aussi. Mais les choses ont bien changé depuis les années soixante. Dans ma famille, par exemple. Ma grand-mère donnait son avis sur tout mais c'est toujours mon grand-père qui prenait les décisions. Quand ma grand-mère n'était pas d'accord, elle devait accepter les décisions de son mari. Pour mes parents, c'était déjà différent. Ma mère travaillait, elle était indépendante et, quand elle n'était pas d'accord avec mon père, elle le disait. Ils discutaient et le plus souvent, ils réussissaient à trouver une solution commune. Aujourd'hui, je crois que ça se passe comme ça dans la majorité des jeunes couples. Les deux travaillent, et donc ils décident ensemble. Bien sûr, il y a des disputes, mais c'est normal quand on doit faire des choix à deux.
– Merci, Hélène Roux. Je rappelle le titre de votre livre : *La Femme d'aujourd'hui*, qui sort cette semaine en librairie.
– C'est moi qui vous remercie de m'avoir invitée.

UNITÉ 2 • LEÇON 1

■ **ÉCOUTE 1 ET 2 PAGE 28** *plages 14 et 15*
Deux femmes.

• A :	– Et quand le contrôleur est arrivé, je lui ai dit que j'avais perdu mon ticket.
• B :	– Et alors ?
• A :	– Alors, il ne m'a pas cru.

Deux hommes.

• A :	– Elle s'est assise à une table en face de moi, elle m'a regardé, elle m'a souri…
• B :	– Elle t'a souri ?
• A :	– Oui… mais Francis est arrivé.
• Un homme :	– Une jeune femme m'a fait entrer dans le bureau, quelqu'un m'a donné le chèque de 500 000 euros, j'ai remercié tout le monde…
• Une femme :	– Et après ?
• Un homme :	– Après je me suis réveillé.

Deux femmes.

• A :	– J'ai essayé la robe, elle m'allait bien.
• B :	– Et qu'est-ce que tu as fait ?
• A :	– Je l'ai achetée, bien sûr !

■ **ÉCOUTE 3 PAGE 29** *plage 16*

• Un homme :	– Tu connais Sonia ?
• Une femme :	– Oui, pourquoi ?
• Un homme :	– Elle a eu un accident.
• Une femme :	– Non ?
• Un homme :	– Si ! Hier, elle est allée chez le dentiste et elle est tombée dans l'escalier.
• Une femme :	– Et alors ?
• Un homme :	– Alors, c'est une mauvaise chute. Elle s'est cassé la jambe droite, et elle est blessée au visage.
• Une femme :	– Vraiment ?
• Un homme :	– Malheureusement oui. Elle est à l'hôpital depuis hier soir. Elle sortira dans deux jours.
• Une femme :	– Dans deux jours ?
• Un homme :	– Oui, on doit lui faire des radios, elle a mal partout.
• Une femme :	– Mais elle ne s'est pas déjà cassé un bras l'année dernière ?
• Un homme :	– Si, il y a huit mois exactement. Elle n'a pas de chance en ce moment. Tu veux aller la voir ?
• Une femme :	– Oui, bien sûr. J'irai dans une heure quand ma fille partira à son cours de danse.
• Un homme :	– Son cours de danse ?
• Une femme :	– Oui, elle fait de la danse depuis trois mois.

(Bruits de voitures)

* *Le policier:* — Bonjour monsieur, police ! Vous avez vu ce qui s'est passé ?

* *Le témoin:* — Oui, je suis témoin, j'ai tout vu. La femme a poussé l'homme et il est tombé.

* *Le policier:* — Ils se disputaient ?

* *Le témoin:* — Je ne sais pas… Je pense que oui. Au début, l'homme était seul. Il regardait le paysage en bas de la colline, puis la femme est arrivée.

* *Le policier:* — Elle était à pied ?

* *Le témoin:* — Oui, elle courait, elle avait l'air pressée. Quand elle est arrivée près de lui, elle l'a embrassé et…

• LEÇON 2

Deux hommes.

* *A:* — Dis donc, tu n'as pas une pièce d'un euro à me prêter ?

* *B:* — Si, pourquoi ?

* *A:* — J'en ai besoin.

---

* *Une femme:* — Tiens ! J'ai oublié de te dire que j'ai rencontré Marianne.

* *Un homme:* — Ah bon ? Elle t'a parlé de moi ?

* *Une femme:* — Un peu… oui.

---

* *Une femme:* — Écoute, je ne veux plus te voir.

* *Un homme:* — Mais pourquoi ? Qu'est-ce que je t'ai fait ?

* *Une femme:* — Tu le sais très bien.

* *Une femme:* — Tu sais, je vais sûrement partir en Angleterre.

* *Un homme:* — Ah, c'est bien ! Tu pars quand ?

* *Une femme:* — Ben… tu n'es pas triste ?

* *Une femme:* — Dis donc, mes amis parisiens viennent me voir ce week-end. Tu connais un endroit sympathique où je peux aller avec eux ?

* *Un homme:* — Oui, bien sûr. Pourquoi tu ne les emmènes pas à Saint-Guilhem ?

* *Une femme:* — Ah oui, c'est le village ancien dont tu m'as déjà parlé ?

* *Un homme:* — C'est ça.

* *Une femme:* — Tu sais, je n'habite pas ici depuis longtemps. Je ne connais pas très bien la région.

* *Un homme:* — Alors, c'est une bonne occasion d'y aller. C'est un village charmant où il y a des maisons anciennes et une très vieille église. Il y a aussi une rivière très pittoresque que l'on peut descendre en bateau.

* *Une femme:* — On est au mois de décembre !

* *Un homme:* — Pas maintenant, bien sûr, mais en été, c'est très agréable.

* *Une femme:* — Et maintenant, qu'est-ce qu'on peut y faire ?

* *Un homme:* — On peut se promener dans la montagne autour du village, mais il y a aussi beaucoup de petits commerces qui intéressent les touristes. C'est très bien.

* *Sandra:* — Tiens, il est nouveau ce bracelet, Aurélie ?

* *Aurélie:* — Pas du tout, c'est celui que ma mère m'a donné quand j'avais quinze ans. Il est joli, non ?

* *Sandra:* — Magnifique, j'aime beaucoup la pierre qui est dessus.

* *Aurélie:* — Oui, moi aussi. Et puis tu vois, Sandra, c'est un souvenir. Quand je le porte, je pense à ma mère, et ça me fait plaisir.

* *Sandra:* — Oui, je comprends. Moi, j'ai une vieille boîte à bijoux à la maison où je garde tous mes petits souvenirs. Elle n'est pas très jolie, mais c'est celle que je préfère. C'est ma grand-mère qui me l'a donnée. Quand je la regarde, je suis heureuse et triste à la fois.

* *Aurélie:* — Moi, j'ai aussi…

• LEÇON 3

* *Une femme:* — Vous savez à quelle heure arrive le Paris-Dijon, s'il vous plaît ?

* *Un homme:* — Ah non madame, il faut regarder sur les panneaux d'affichage. Vous avez tous les horaires d'arrivée et de départ pour la journée.

* *Une femme:* — Et ils sont où ?

- *Un homme :* — Je voudrais savoir où est le bureau de monsieur Fesquet, s'il vous plaît.
- *Une femme :* — C'est pourquoi ?
- *Un homme :* — J'avais rendez-vous avec lui à 10 heures et j'attends depuis trente minutes.
- *Un homme :* — Pourriez-vous me dire si les bureaux seront ouverts mardi prochain, s'il vous plaît ?
- *Une femme :* — Ah non monsieur, c'est un jour férié.
- *Un homme :* — Et la veille ?
- *Un homme :* — Allô, bonjour madame. Je peux vous demander de me passer le service des commandes, s'il vous plaît ?
- *Une femme :* — Oui monsieur, c'est pourquoi ?
- *Un homme :* — Eh bien, je vous ai acheté un article par téléphone il y a deux semaines et je n'ai encore rien reçu.

■ **ÉCOUTE 3 PAGE 41** *plage 24*
(Dialogue de sourds)

- *M. Bouillon :* — Bonjour, madame Maté. Mais… qu'est-ce que vous faites ici ?
- *Mme Maté :* — Ah, monsieur Bouillon ! Qu'est-ce que vous dites ?
- *M. Bouillon :* — Je vous demande ce que vous faites ici.
- *Mme Maté :* — Les courses, monsieur Bouillon, les courses. Et comment ça va ?
- *M. Bouillon :* — Bien, et vous ?
- *Mme Maté :* — Pardon ?
- *M. Bouillon :* — Je vous demande comment vous allez.
- *Mme Maté :* — Très bien, merci ; mais mon mari a la grippe.
- *M. Bouillon :* — Votre mari fume la pipe ?
- *Mme Maté :* — Mais non, je vous dis que mon mari a la grippe.
- *M. Bouillon :* — La grippe ? Oh là là, mais vous êtes sûrement contagieuse, madame Maté !
- *Mme Maté :* — Moi ? Amoureuse ? Mais vous plaisantez, monsieur Bouillon !
- *M. Bouillon :* — Mais non, pas amoureuse ! Je dis que vous, vous devez être contagieuse !
- *Mme Maté :* — Contagieuse ? Ça, c'est bien possible ! Vous avez peur ?
- *Mr Bouillon :* — Oui, il est 11 heures et demie.
- *Mme Maté :* — Mais non, monsieur Bouillon, je ne vous demande pas l'heure ! Je vous demande si vous avez peur… de la grippe.
- *Mr Bouillon :* — De la grippe, non, mais j'ai peur de devenir sourd.
- *Mme Maté :* — Ça c'est bizarre, moi aussi.

■ **ÉCOUTE 4 PAGE 43** *plage 25*

- *Lucas :* — Salut Daniel. Alors, ton entretien avec le directeur, comment ça s'est passé ?
- *Daniel :* — Très bien. Il m'a demandé si je voulais aller travailler dans l'agence de Bordeaux.
- *Lucas :* — Et qu'est-ce que tu as répondu ?
- *Daniel :* — J'ai dit que j'étais d'accord et il m'a proposé une augmentation de salaire.
- *Lucas :* — Ben dis donc, ça va plutôt bien pour toi !
- *Daniel :* — Oui, c'est vrai. Et toi, Lucas, tu l'as rencontré aussi ?
- *Lucas :* — Moi, il m'a demandé ce que je comptais faire à la fin de mon stage. Il m'a dit…

UNITÉ 3 • LEÇON 1

■ **ÉCOUTE 1 ET 2 PAGE 48** *plages 26 et 27*

- *Une femme :* — C'est de 19 h à 20 h 30, ça te dirait de venir avec moi ?
- *Un homme :* — Tu sais, moi, je ne suis pas très doué.
- *Une femme :* — Aucune importance, ça ne te plairait pas d'apprendre ?
- *Femme A :* — Oh là là, je sens que je vais avoir peur !
- *Femme B :* — Et si on y allait en bateau ? C'est agréable.
- *Femme A :* — Oui, mais c'est plus long.
- *Un homme :* — Ce serait sympa d'inviter tout le monde.
- *Une femme :* — Tu crois ?
- *Un homme :* — Évidemment, c'est une grande occasion.

- *Un homme:* – Thomas n'est pas très content.
- *Une femme:* – Pourquoi ne pas l'emmener avec toi ?
- *Un homme:* – Je ne sais pas… Et s'il refuse ?

■ ÉCOUTE 3 PAGE 49 *plage 28*

- *La collègue:* – Corinne, ça te dirait de changer de bureau ?
- *Corinne:* – *Ben non, je suis très bien ici, je n'ai aucune envie de changer de bureau.
- *La collègue:* – Ce serait sympa d'être plus près du directeur, non ?
- *Corinne:* – Pourquoi ? Pour lui faire le café trois fois par jour ?
- *La collègue:* – Non, mais… Tu sais, dans mon bureau il y a une grande fenêtre. Ça ne te plairait pas de bronzer en travaillant ?
- *Corinne:* – Si, ça me plairait bien. Et puis bronzée, je suis magnifique !
- *La collègue:* – Pourquoi ne pas changer demain matin alors ?
- *Corinne:* – C'est pas idiot ça ! Ça me dirait bien de profiter du soleil l'hiver.
- *La collègue:* – Tu verras, tu y seras très bien, tu n'auras jamais froid.
- *Corinne:* – Ça va me changer de mon bureau qui est un vrai frigo.
- *La collègue:* – Il faut quand même avertir le directeur, tu ne crois pas ?
- *Corinne:* – Bien sûr. Et si on allait lui dire maintenant ? Il n'a pas de rendez-vous avant 15 h 30.
- *La collègue:* – *C'est pas bête, le plus tôt sera le mieux.
- *Corinne:* – Mais au fait… pourquoi tu veux changer ?
- *La collègue:* – Ben… Euh…

■ ÉCOUTE 4 PAGE 50 *plage 29*

- *Un homme:* – Pfff… j'en ai marre de ma vie, je changerais bien.
- *Une femme:* – Et qu'est-ce que tu voudrais faire de plus ?
- *Un homme:* – J'irais bien en Australie… Je travaillerais dans une ferme…
- *Une femme:* – Ce n'est pas un travail bien facile.
- *Un homme:* – Oui, mais je vivrais en plein air, je serais en contact avec la nature, les animaux.
- *Une femme:* – Avec les animaux, tu serais occupé tous les week-ends.
- *Un homme:* – Et alors ? Où est le problème ?
- *Une femme:* – Eh bien là-bas, au bout de quelques mois, tu aurais envie d'aller au concert, au cinéma ou au restaurant.
- *Un homme:* – Peut-être, mais j'aimerais essayer.

• LEÇON 2

■ ÉCOUTE 1 ET 2 PAGE 54 *plages 30 et 31*

- *La mère:* – Tu peux m'aider ?
- *Le fils:* – Toujours moi !
- *La mère:* – Eh oui, si ce n'est pas toi, c'est ton frère.
- *Une femme:* – Ça t'ennuierait de me donner un coup de main ?
- *Un homme:* – Bien sûr que non.
- *Une femme:* – Bon alors termine, moi je rentre chez moi.
- *Un homme:* – Ah ben ça alors !
- *Une femme:* – Tu ne pourrais pas m'aider ?
- *Un homme:* – Tu sais bien que je suis nul.
- *Une femme:* – Allons, allons, tu peux bien faire ça quand même !
- *Homme 1:* – Tu veux bien arroser mes plantes ce week-end ?
- *Homme 2:* – Euh… c'est-à-dire… euh…
- *Homme 1:* – Merci beaucoup, voilà mes clés !

■ ÉCOUTE 3 PAGE 55 *plage 32*
(Un jeune homme et une femme plus âgée)

- *Un jeune homme:* – Bonjour, madame Rondeau.
- *Une femme:* – Bonjour.
- *Un jeune homme:* – J'aurais un service à vous demander.
- *Une femme:* – Mais je vous en prie, c'est pour quoi ?
- *Un jeune homme:* – Ma machine est en panne et toutes mes chemises sont sales, vous pourriez me les laver ?
- *Une femme:* – Mais bien sûr, je vais les mettre dans ma machine.
- *Un jeune homme:* – Et… ça ne vous ennuierait pas de les faire sécher sur votre balcon ? Chez moi il n'y a pas de soleil.
- *Une femme:* – Pourquoi pas ? C'est possible.

- *Un jeune homme :* — Excusez-moi, mais… vous pourriez me rendre un dernier petit service ?
- *Une femme :* — Allez-y, j'écoute.
- *Un jeune homme :* — Ça vous ennuierait de les repasser ?
- *Une femme :* — Et puis quoi encore, jeune homme ?

■ **ÉCOUTE 4 PAGE 56** *plage 33*

(Une mère et sa fille)

- *La mère :* — Oh zut !
- *La fille :* — Qu'est-ce qu'il y a, maman ? Tu veux un coup de main ?
- *La mère :* — *Ben oui… J'ai complètement oublié d'acheter le pain ? Tu veux bien y aller ?
- *La fille :* — Bien sûr, maman, je prends ta voiture ?
- *La mère :* — *C'est pas vraiment nécessaire, mais prends-la.
- *La fille :* — *Ouais super !
- *La mère :* — Ça t'ennuierait de passer à la pharmacie ? J'ai besoin d'un sirop pour la toux.
- *La fille :* — D'accord, mais je peux m'acheter une crème pour bronzer ?
- *La mère :* — Oui mais pas trop chère.
- *La fille :* — Ah *t'es sympa !
- *La mère :* — Une dernière chose, à ton retour, tu ne pourrais pas ranger ta chambre ?
- *La fille :* — Ah non maman, ça c'est au-dessus de mes moyens !

• LEÇON 3

■ **ÉCOUTE 1 ET 2 PAGE 60** *plages 34 et 35*

- *Femme 1 :* — Je n'en peux plus, tous les soirs je reste jusqu'à 8 heures !
- *Femme 2 :* — Tu devrais lui dire que tu as des enfants et qu'ils ont besoin de toi.
- *Femme 1 :* — Il *s'en fiche !

- *Une femme :* — Je ne sais plus quoi faire.
- *Un homme :* — Si j'étais à ta place, je déménagerais.
- *Une femme :* — Tu sais bien que c'est impossible !
- *Le père :* — Tu as vu tes résultats ? Tu pourrais travailler un peu plus.
- *La fille :* — Je ne suis pas faite pour ça, c'est clair !
- *Le père :* — Ah bon ? Je croyais que c'était ta passion.
- *La mère :* — C'est quand même la troisième fois cette semaine.
- *Le fils :* — Je suis fatigué en ce moment.
- *La mère :* — Tu te coucherais plus tôt, tu n'aurais pas de problème.

■ **ÉCOUTE 3 PAGE 61** *plage 36*

(Deux femmes)

- *Femme 1 :* — J'ai l'impression que ça ne va pas. Qu'est-ce que tu as ?
- *Femme 2 :* — C'est mon fils, il ne me parle plus, je ne sais pas pourquoi.
- *Femme 1 :* — Tu devrais l'envoyer chez son père, ça lui ferait du bien.
- *Femme 2 :* — Mais son père il voyage tout le temps.
- *Femme 1 :* — Si j'étais à ta place, je l'obligerais à s'occuper un peu plus de son fils.
- *Femme 2 :* — Maintenant c'est trop tard, et mon problème c'est mon fils.
- *Femme 1 :* — Tu pourrais peut-être en parler avec ses copains. Ils le connaissent bien.
- *Femme 2 :* — Oui, mais moi je ne les connais pas, il a changé de copains.
- *Femme 1 :* — Dans ce cas-là, je te conseille d'aller voir un psychologue.
- *Femme 2 :* — Tu crois ?

UNITÉ 4 • LEÇON 1

■ **ÉCOUTE 1 ET 2 PAGE 68** *plages 37 et 38*

- *Femme A :* — Elle t'a rendu tes 300 euros ?
- *Femme B :* — Non ! Ce n'est plus possible, elle exagère, j'en ai assez maintenant !
- *Femme A :* — Calme-toi. Elle a peut-être un problème.

- *Un homme :* — Tu me prêtes les clés de ta voiture ?
- *Une femme :* — Ah non ! Ça suffit maintenant, tu veux toujours quelque chose. Trop c'est trop !
- *Un homme :* — Bon, ça va… j'ai compris.

- *Femme A :* — Mais, qu'est-ce qui se passe, Sandra ?
- *Femme B :* — Je n'en peux plus ! Il téléphone toute la journée… ça ne peut plus durer !
- *Femme A :* — Je peux faire quelque chose pour toi ?
- *Un homme :* — Alors, tu es reçue ?
- *Une femme :* — Non ! J'en ai *marre ! J'en ai *ras le bol de tout ça ! Qu'est-ce que je vais faire maintenant ?
- *Un homme :* — Ben… tu vas recommencer !

■ **ÉCOUTE 3 PAGE 69** *plage 39*

- *Une femme :* — Alors, tu as vu monsieur Fauvel ? Vous vous êtes mis d'accord pour la vente de la maison ?
- *Un homme :* — Pas encore, je n'en peux plus ! Chaque jour il y a un nouveau problème. Il y a deux semaines, il voulait demander conseil à un ami. La semaine dernière, il souhaitait rencontrer les voisins et aujourd'hui il refuse de signer parce qu'il veut encore réfléchir.
- *Une femme :* — Ne t'énerve pas comme ça ! Il va signer !
- *Un homme :* — Mais tu ne comprends pas ? Trop c'est trop ! Depuis trois mois, il n'arrête pas de trouver de bonnes raisons pour retarder la vente. Ça suffit maintenant ! On doit vendre cette maison le plus vite possible. On a déménagé il y a six mois, ça ne peut plus durer !
- *Une femme :* — Ne te fâche pas ! Mes parents peuvent nous aider si c'est nécessaire.
- *Un homme :* — Non non non non non ! S'il n'accepte pas de signer la semaine prochaine, je vais chercher un autre acheteur.
- *Une femme :* — Je suis désolée de changer de conversation, mais… tu n'as pas envie d'aller au restaurant ?
- *Un homme :* — Ben… oui… je ne sais pas… Pourquoi ?
- *Une femme :* — C'est mon anniversaire !

■ **ÉCOUTE 4 PAGE 70** *plage 40*

- *La femme :* — Stéphane, j'en ai assez, je voudrais que tu m'aides un peu plus à la maison !
- *Stéphane :* — Mais qu'est-ce que tu veux que je fasse ?
- *La femme :* — D'abord, j'aimerais que tu ranges tes affaires.
- *Stéphane :* — Bon, ça, je peux essayer.
- *La femme :* — Mais ce n'est pas tout. Je voudrais aussi que tu m'aides, que tu fasses la cuisine de temps en temps, que tu ailles faire les courses, que…
- *Stéphane :* — Oh ça suffit ! Toi non plus tu n'es pas parfaite ! Moi, je voudrais que…

• LEÇON 2

■ **ÉCOUTE 1 ET 2 PAGE 74** *plages 41 et 42*
Deux filles.
- *A :* — Odile a réussi ? Non ! Tu plaisantes ?
- *B :* — Pas du tout. Elle est même arrivée troisième !
- *A :* — Ah ben ça alors… je n'en reviens pas !
- *Une femme :* — Vous savez que Mlle Dubreuil va se marier ?
- *Un homme :* — Non ? Vous voulez rire ?
- *Une femme :* — Pas du tout !
- *Un homme :* — Vous plaisantez ?

Deux garçons.
- *A :* — J'ai rendez-vous avec elle ce soir.
- *B :* — Tu rigoles ?
- *A :* — Mais si, je t'assure !
- *B :* — Mon œil !

Deux femmes.
- *A :* — Monsieur Morel ! Ça alors, je ne peux pas y croire !
- *B :* — Pourtant c'est vrai, je vous le dis.
- *A :* — C'est inimaginable… tout à fait incroyable ! Il est si gentil !

■ **ÉCOUTE 3 PAGE 75** *plage 43*
- *Béatrice :* — Ah, François ! Tu connais la nouvelle ?
- *François :* — Non, qu'est-ce qui se passe ?
- *Béatrice :* — On part tous à Bruxelles le week-end prochain.
- *François :* — Ce n'est pas possible ! Tu plaisantes !
- *Béatrice :* — Pas du tout. Le patron veut qu'on aille à cette réunion de formation sur l'Union européenne.

- *François:*   – Mais qui y va?
- *Béatrice:*   – Tout le bureau : nous deux, Christophe, Sandra, Mlle Berger, Mme Simon et le patron.
- *François:*   – Ah non, c'est incroyable! J'ai enfin réussi à avoir un rendez-vous avec Sophie! On doit aller passer le week-end à la mer!
- *Béatrice:*   – Ce n'est pas vrai! Qu'est-ce que tu vas faire?
- *François:*   – Qu'est-ce que tu veux que je fasse, Béatrice? Je n'ai pas le choix!

■ ÉCOUTE **4** PAGE **76** *plage 44*

- *Une femme:*   – Tu ne devineras jamais ce qui m'est arrivé aujourd'hui!
- *Un homme:*   – Quoi? Qu'est-ce qui t'est arrivé?
- *Une femme:*   – J'ai rencontré Nadia!
- *Un homme:*   – Non! Pas possible! Je croyais qu'elle habitait aux États-Unis!
- *Une femme:*   – Elle est revenue, depuis deux ans. Je l'ai invitée à passer le week-end avec nous.
- *Un homme:*   – Tu plaisantes? Tu sais bien que je déteste qu'on passe tout le week-end avec quelqu'un d'autre.
- *Une femme:*   – Oh, ce n'est pas grave!
- *Un homme:*   – Si, c'est grave! Je n'aime pas que tu prennes des décisions comme ça sans me demander mon avis!
- *Une femme:*   – Et moi, je n'aime pas que tu…

• LEÇON 3

■ ÉCOUTE **1** ET **2** PAGE **80** *plages 45 et 46*

- *Une femme:*   – Ah non, monsieur Pérault, je ne suis pas d'accord avec vous! D'après moi, il faut que nous pensions aux espaces verts maintenant.
- *Un homme:*   – Personnellement, je pense que ce n'est pas urgent. On construit l'immeuble d'abord, et on verra ensuite.
- *Une femme A:*   – Bon, vous êtes d'accord, on y va? Qui est pour?
- *Le groupe:*   – Moi! moi! moi!
- *Une femme B:*   – Moi, je suis contre, on y va tous les samedis, on pourrait changer un peu!
- *Un homme:*   – Tu as raison, je suis de ton avis.

- *Un homme:*   – Selon moi, elle est un peu jeune pour ce poste. Qu'en pensez-vous, madame Leclerc?
- *Une femme:*   – Je ne suis pas de votre avis. Pour ma part, ce n'est pas un problème. Elle est compétente et je pense que c'est la seule chose importante.
- *Femme A:*   – Alors, qu'est-ce que tu en penses? J'ai tort?
- *Femme A:*   – Pour moi, vous avez tort toutes les deux. Ce n'est pas très malin de se disputer pour des choses comme ça. À mon avis, vous devriez faire la paix.

■ ÉCOUTE **3** PAGE **81** *plage 47*

- *Le directeur:*   – Alors, madame Lormand, que pensez-vous de votre nouveau bureau?
- *Mme Lormand:*   – Il est très bien, monsieur le directeur, mais… d'après moi il est nécessaire d'ajouter une lampe. Regardez, je ne vois pas ce qu'il y a dans mes tiroirs.
- *Le directeur:*   – C'est vrai, vous avez raison. Je vais en parler au technicien. Mais… c'est agréable de travailler dans un bureau neuf?
- *Mme Lormand:*   – Oui, bien sûr, c'est très agréable. Mais … c'est dommage de tourner le dos à la fenêtre; et en plus, l'écran de mon ordinateur est au soleil, ce n'est pas pratique du tout.
- *Le directeur:*   – Oui … je suis d'accord avec vous. On pourrait peut-être le tourner un peu. Qu'en pensez-vous?
- *Mme Lormand:*   – Je suis d'accord mais… personnellement, je pense que ce serait plus agréable de travailler face à la fenêtre.
- *Le directeur:*   – Bon, d'accord! Et votre nouvel ordinateur, vous en êtes contente?
- *Mme Lormand:*   – Très contente, monsieur le directeur. Ce serait bien sûr mieux d'avoir un écran plus grand, mais… tant pis.
- *Le directeur:*   – Vous avez d'autres remarques, madame Lormand?
- *Mme Lormand:*   – Ben… est-ce que vous pensez qu'il serait possible de changer l'imprimante aussi? Celle-ci n'est pas très rapide, vous savez.
- *Le directeur:*   – Je ne sais pas, on verra. Bon, au travail maintenant!

- *Mme Lormand :* – Ah, monsieur le directeur, une petite chose encore, si vous permettez… Avec les collègues… on se disait que ce serait pratique d'avoir une machine à café dans le bureau. C'est une bonne idée, non ?
- *Le directeur :* – Je vais réfléchir madame Lormand, je vais réfléchir.

■ **ÉCOUTE 4 PAGE 82** *plage 48*
- *Le mari :* – Nicole, ne m'attends pas pour dîner ce soir, c'est possible que je sois obligé de travailler tard.

- *La femme :* – Tu plaisantes ? On a invité les Lambert. Il est nécessaire que tu sois là. Je ne veux pas me retrouver seule avec eux !
- *Le mari :* – Annule le repas !
- *La femme :* – C'est préférable que tu le fasses toi-même. Ce sont tes amis.
- *Le mari :* – Oui, mais je n'ai pas le temps. Ce serait gentil que tu le fasses à ma place.
- *La femme :* – Ah non alors, tu exagères ! C'est énervant que tu…

UNITÉ 5 • LEÇON 1

■ **ÉCOUTE 1 ET 2 PAGE 88** *plages 49 et 50*
- *Jeune homme A :* – Et… tu l'as déjà invitée quelque part ?
- *Jeune homme B :* – Oui, une fois ; au cinéma.
- *Jeune homme A :* – Et alors ?
- *Jeune homme B :* – Alors, elle a refusé.

- *Une femme :* – Il y a encore quelqu'un dans la salle de réunion ?
- *Un homme :* – Oui, il y a le directeur et Mme Moreau.
- *Une femme :* – Ah bon ?
- *Une femme :* – Oui, ils parlent du nouveau stagiaire.

- *Un homme :* – Tu as toujours quelque chose à faire le samedi ?
- *Une femme :* – En général oui. Je dois faire les courses, le ménage…
- *Un homme :* – Et le dimanche ?
- *Une femme :* – Je vais chez mes parents.

- *Une femme :* – Vous jouez encore au golf quelquefois ?
- *Un homme âgé :* – Oui, quelquefois, avec des amis. Moins souvent qu'avant, bien sûr.
- *Une femme :* – Mais pourquoi, vous êtes en pleine forme !
- *Un homme âgé :* – En pleine forme, en pleine forme ! J'ai 85 ans, vous savez.

■ **ÉCOUTE 3 PAGE 89** *plage 51*
Deux employées de bureau.
- *A :* – Suzie ! Tu as déjà envoyé les bons de commande ?
- *Suzie :* – Non, je n'ai encore rien envoyé, mais je vais le faire.

- *A :* – Attends ! Je dois encore ajouter quelque chose.
- *Suzie :* – Quoi ?
- *A :* – On n'a plus rien pour l'imprimante. Il faut des cartouches d'encre et du papier.
- *Suzie :* – D'accord, je le note. Autre chose ?
- *A :* – Je ne crois pas. Le problème, c'est que jamais personne ne signale quand il manque quelque chose. Quand on veut faire une commande, on ne sait jamais rien.
- *Suzie :* – Eh oui, ma pauvre ! Je demande toujours aux secrétaires de me laisser des petites notes sur les bureaux pour savoir ce qu'il faut acheter, mais je n'en trouve jamais nulle part.
- *A :* – Elles disent qu'elles n'ont pas le temps, et… que ce n'est pas leur travail.
- *Suzie :* – Très bien, alors il ne faut pas qu'elles se plaignent quand il manque quelque chose !

■ **ÉCOUTE 4 PAGE 91** *plage 52*
- *Francis :* – Ah Pierre, salut ! Tu as vu le match de football hier soir à la télévision ?
- *Pierre :* – Tu plaisantes ? Je n'ai jamais regardé aucun match de football à la *télé.
- *Francis :* – Jamais ?
- *Pierre :* – Non, jamais, ça ne m'intéresse pas.
- *Francis :* – Et… tu t'intéresses à la course automobile ?

• *Pierre :*	– Non plus. Et si tu veux tout savoir, Francis, eh bien je n'en ai jamais vu aucune.
• *Francis :*	– Ça alors, c'est incroyable ! Mais… tu ne regardes jamais rien à la *télé ?
• *Pierre :*	– Si, bien sûr, mais pas le sport. Je…

• LEÇON 2

■ **ÉCOUTE 1 ET 2 PAGE 94** *plages 53 et 54*

• *Le professeur :*	– Vous relevez tous les verbes du texte et vous les écrivez à l'infinitif. C'est clair ?
• *Un élève :*	– Oui madame, mais… on les écrit où ?
• *Le professeur :*	– En bas de la page 2, sur le tableau. Vous comprenez ?
• *Un jeune homme :*	– Alors, je suis revenu à la caisse mais je n'avais pas le ticket. Tu me suis ?
• *Une jeune fille :*	– Oui. Et la caissière, qu'est-ce qu'elle t'a dit ?
• *Un jeune homme :*	– Qu'elle ne pouvait pas me l'échanger.
• *Une femme :*	– Vous prenez la deuxième à gauche et, au rond-point, c'est la première à droite. C'est bon ?
• *Un homme :*	– Je crois, mais… vous pourriez répéter depuis le début ?
• *Une femme :*	– Alors, vous allez tout droit jusqu'à l'arc de triomphe ; vous voyez ? Ensuite vous prenez à droite…
• *Jeune homme A :*	– Quand j'ai vu que mon porte-monnaie était vide, j'ai tout de suite eu des doutes. Tu saisis ?
• *Jeune homme B :*	– C'était la fille ?
• *Jeune homme A :*	– Oui. Elle est partie avec mes sous pendant que je discutais avec Marc.

■ **ÉCOUTE 3 PAGE 95** *plage 55*

• *Lucas :*	– Ben Juliette, qu'est-ce qui t'arrive ? Tu as l'air bizarre ?
• *Juliette :*	– Je viens d'avoir un accident.
• *Lucas :*	– Comment ça un accident ? En voiture ?
• *Juliette :*	– Non, en vélo.
• *Lucas :*	– Qu'est-ce qui s'est passé ?
• *Juliette :*	– Ben… j'étais sur la piste cyclable et, au carrefour, je suis passée

	par le tunnel, mais il y avait de l'eau. Du coup, j'ai dû prendre l'autre piste, celle qui va dans l'autre sens normalement. Tu me suis ?
• *Lucas :*	– À peu près oui. Il y avait de l'eau sur la piste et donc tu as pris celle qui va à contresens ? C'est ça ?
• *Juliette :*	– Oui, c'est ça. Mais j'ai entendu un bruit de moteur, alors j'ai eu peur. Tu comprends ?
• *Lucas :*	– Oui, qu'est-ce que c'était ?
• *Juliette :*	– C'était une moto, c'est pourquoi ça faisait du bruit dans le tunnel.
• *Lucas :*	– Et alors, qu'est-ce que tu as fait ?

■ **ÉCOUTE 4 PAGE 97** *plage 56*

• *Un journaliste :*	– Mademoiselle Nelson, vous habitez en France depuis cinq ans, je crois. Est-ce que vous connaissez bien notre pays ?
• *Une étrangère :*	– Oui et non. Il y a tellement de choses à visiter en France que c'est difficile de tout connaître.
• *Un journaliste :*	– Vous connaissez bien Paris au moins ?
• *Une étrangère :*	– Oui, pas mal. C'est si agréable de se promener à pied en ville que je connais pas mal de quartiers ; les plus jolis, bien sûr. Je marche tellement ici que j'use toutes mes paires de chaussures.
• *Un journaliste :*	– Quel quartier préférez-vous ?
• *Une étrangère :*	– Oh, c'est difficile de choisir, mais j'aime beaucoup l'île de la Cité et l'île Saint-Louis.
• *Un journaliste :*	– Qu'est-ce qui vous intéresse dans une ville comme Paris ?

• LEÇON 3

■ **ÉCOUTE 1 ET 2 PAGE 100** *plages 57 et 58*

Deux femmes.

• *A :*	– Qu'est-ce que c'est, ça ?
• *B :*	– Ben, tu vois, c'est un genre de couteau un peu bizarre.
• *A :*	– Et à quoi ça sert ?
• *B :*	– Ça sert à éplucher les légumes.

Deux hommes.

• *A :*	– Oh, c'est à toi ? Comment ça marche ?
• *B :*	– Doucement ! Il faut d'abord l'allumer.

- *A :* — Voilà, ça y est. Tu me montres comment on s'en sert ?
- *B :* — D'accord, assieds-toi.
- *Un homme :* — Pardon madame, je vous ai acheté cet appareil il y a deux jours, mais il n'y avait pas le mode d'emploi dans la boîte.
- *Une femme :* — Ah bon, c'est étonnant. En général, il est toujours dedans.
- *Un homme :* — Oui, je comprends, mais…
- *Une femme :* — Bien, attendez une minute, ce monsieur va vous expliquer comment ça fonctionne.
- *Une femme :* — Pardon monsieur, vous savez comment on utilise ce distributeur ?
- *Un homme :* — Ben… oui. Vous choisissez une destination et quand le prix est affiché vous mettez des pièces dans la fente à droite.
- *Une femme :* — Oui, c'est ce que j'ai fait mais… ça ne marche pas.
- *Un homme :* — Alors je suis désolé, je ne sais pas ce qu'il faut faire.

▪ ÉCOUTE 3 PAGE 101 *plage 59*

- *Un jeune garçon :* — Grand-père, qu'est-ce que c'est cette chose bizarre dans l'entrée ?
- *Le grand-père :* — C'est un tourne-disque.
- *Un jeune garçon :* — Et qu'est-ce qu'on fait avec ça ?
- *Le grand-père :* — Quand j'étais très jeune, on s'en servait pour écouter de la musique.
- *Un jeune garçon :* — Ah bon, et comment ça marche ?
- *Le grand-père :* — C'est facile. Tu tournes la manivelle une dizaine de fois, tu poses le disque sur le plateau, tu places l'aiguille sur le disque… et tu écoutes !
- *Un jeune garçon :* — Ça marche avec des CD ?

- *Le grand-père :* — Mais non, il faut avoir des vieux disques. On appelait ça des 33-tours. C'était comme un CD mais noir, beaucoup plus grand et plus épais.

  (bruit de porte)
- *Une petite fille :* — Oh papi, le *truc dans l'entrée, à quoi ça sert ?
- *Un jeune garçon :* — Ça sert à écouter de la musique ! Tu es *nulle toi !

▪ ÉCOUTE 4 PAGE 102 *plage 60*

- *Noémie :* — Dis, Philippe, ce truc, je peux le jeter ?
- *Philippe :* — Tu plaisantes ! C'est à François. Il s'en sert pour nettoyer sa voiture.
- *Noémie :* — Hou… j'en ai assez de tous ces *machins qui traînent et qui ne servent à rien. Vous ne pouvez pas faire des efforts pour que l'appartement soit plus agréable à vivre ? La colocation, c'est bien pour faire des économies, mais ça commence à me déprimer !
- *Philippe :* — Allez, Noémie, arrête ! Ce n'est pas très grave tout ça. Le désordre, ça n'a jamais tué personne !
- *Noémie :* — Oui mais là, il y en a trop. Pour ne pas le voir, il faut être aveugle !
- *Philippe :* — Bon, j'ai une idée. Histoire de te remonter le moral, je t'invite à dîner au restaurant.
- *Noémie :* — Ça, c'est sympa ! Mais je suis sûre que tu fais ça seulement pour que j'arrête de me plaindre.
- *Philippe :* — Mais non, c'est pour…

CORRIGÉS

UNITÉ 1 • LEÇON 1

Page 8, exercice 1 : **1.** Une personne hésite, elle ne sait pas quoi choisir. – **2.** Bof ! Je ne sais pas trop… J'hésite… – Je n'arrive pas à me décider… je vais réfléchir… – Je n'en sais rien… je ne sais pas quoi choisir. – Eh bien… c'est à dire que… je vais voir…

Page 9, exercice 6 : **1.** Il propose d'aller au cinéma, à la patinoire ou à la piscine. – **2.** Elle hésite et finalement elle refuse. – **3.** Ils vont aller dîner chez les parents de Mathieu.

Page 10, exercice 9 : **1.** C'est un couple – **2.** Ils parlent de l'anniversaire de l'homme et du cadeau qu'il souhaite recevoir. – **3.** Elle lui propose un beau livre ou une jolie montre. – **4.** Il hésite. Il ne sait pas exactement ce qu'il veut.

Page 13, exercice 13 : – Qu'est-ce qui est encore une décision importante pour la famille française ? – Qui donne son avis pour choisir une voiture ? – Est-ce qu'on écoute l'avis des enfants ? – Est-ce que tous les Français ont une voiture ? – Pourquoi certaines familles en ont-elles deux ? – Y a-t-il des différences entre les Parisiens et les provinciaux ? – Quelles sont les voitures qui ont le plus de succès en ce moment ? – Les Français sont-ils très soigneux avec leurs voitures ? – Qu'est-ce qu'on peut assez souvent voir sur les voitures en France ? – Est-ce la même chose dans tous les pays d'Europe ?

• LEÇON 2

Page 14, exercice 1 : **1.** Quelqu'un parle de ses projets. – **2.** Et qu'est-ce que tu comptes faire ? – Je pense y aller. – J'ai l'intention de l'acheter. – J'ai prévu de lui dire demain. – Peut-être que je lui écrirai demain.

Page 15, exercice 6 : **1.** Ce sont des amis. – **2.** La femme a l'intention de faire la grasse matinée et elle a prévu de faire des courses avec sa copine. Peut-être que l'homme ira au cinéma.

Page 19, exercice 15 : – D'après les Français, que faut-il faire pour trouver un bon travail ? – Comment s'appelle l'école pour les très petits enfants ? – À partir de quel âge peut-on y aller ? – À quel âge change-t-on d'école pour la première fois ? – Comment s'appelle cette autre école ? – À quel âge entre-t-on normalement au collège et au lycée ? – Comment s'appelle le diplôme qui termine les études au lycée ? – Est-ce que beaucoup de jeunes obtiennent ce diplôme ? – Que peut-on faire avec ce diplôme ? – Jusqu'à quel âge l'école est-elle obligatoire ? – Est-ce que beaucoup de jeunes arrêtent l'école à cet âge-là ? – Pourquoi est-ce nécessaire d'avoir un bon métier ? – Est-ce que tout le monde pense qu'il faut faire de longues études pour avoir un bon métier ?

• LEÇON 3

Page 20, exercice 1 : **1.** Le sentiment commun est l'admiration. – **2.** Comme il est mignon ! – Quel courage, il est vraiment extraordinaire ! – Qu'est-ce qu'elle est belle ! – Qu'il est gentil !

Page 21, exercice 6 : **1.** Les deux personnes sortent ce soir. Elles vont à une soirée. – **2.** La femme va mettre une robe bleue et des chaussures à talons noires. – **3.** L'homme va porter un jean, une chemise blanche et des chaussures marron.

Page 22, exercice 10 : **1.** Ils vont aller visiter un musée, le musée d'Art moderne ou le Musée régional. Sarah décide. – **2.** Ça m'est égal. – N'importe quoi. – Je m'en *fiche. – N'importe lequel. – Peu importe lequel. – N'importe qui.

Page 25, exercice 14 : – Quelle est la première question posée dans ce dialogue ? – Y a-t-il une seule réponse à cette question ? Pourquoi ? – Depuis quand les choses ont-elles changé ? – Où la femme qui parle prend-elle un exemple pour illustrer son opinion ? – Quelle était la situation à l'époque de sa grand-mère ? – Que devait-elle faire quand elle n'était pas d'accord ? – Est-ce que c'était la même chose pour sa mère ? – Pourquoi était-ce différent ? – Comment les jeunes couples prennent-ils des décisions importantes aujourd'hui ? Pourquoi ? – Est-ce que c'est facile de se mettre d'accord ? – Pourquoi la femme qui parle de sa famille est-elle interviewée sur ce sujet ?

• BILAN PAGES 26-27

1. 2. 3. Qu'est-ce que tu préfères, le cinéma ou le théâtre ? – Qu'est-ce qui te plaît le plus, le cinéma ou le théâtre ? – Qu'est-ce que tu aimes le mieux, le cinéma ou le théâtre ? – Entre le cinéma et le théâtre, qu'est-ce que tu choisis ? – Qu'est-ce qui t'intéresse le plus, le cinéma ou le théâtre ?

4. 5. 6. Qu'est-ce que tu aimerais faire ? – Qu'est-ce que tu voudrais faire ? – Qu'est-ce qui te ferait plaisir ? – Qu'est-ce que tu as / aurais envie de faire ?

7. 8. Quel livre préfères-tu ? – Lequel de ces livres préfères-tu ?

9. 10. Quel pantalon vas-tu mettre ? – Lequel de ces pantalons vas-tu mettre ?

11. 12. 13. 14. J'hésite. – Je ne sais pas trop. – Je ne sais pas quoi faire. – Je vais voir. – Je vais réfléchir. – Je n'arrive pas à me décider.

15. … parce qu'elle a beaucoup travaillé. / … parce qu'il était facile.

16. … grâce à son travail. / … grâce à son amie qui l'a aidée.

17. Puisqu'elle a réussi, elle peut partir en vacances tranquille.

18. Oui, on peut soit jouer au football, soit regarder la télévision, soit faire des crêpes.

19. Non, on ne peut ni jouer au football, ni regarder la télévision, ni faire des crêpes.

20. 21. 22. 23. Oui, je compte (bien) faire des études. – Oui, j'ai l'intention de faire des études. – Oui, je pense que je ferai des études. – Oui, j'ai prévu de faire des études. – Oui, peut-être que je ferai des études.

24. 25. 26. J'irai en Italie. – Je ferai du sport. – Je jouerai au tennis. – Je gagnerai au Loto. …
27. 28. 29. S'il pleut demain, je resterai à la maison. – … j'irai au cinéma. – … je ferai du bricolage. … je lirai un livre. … je jouerai avec les enfants. …
30. 31. 31. Oui, plein de jeunes font des études en France. – Oui, de nombreux jeunes font des études en France. – Oui, des tas de jeunes font des études en France. – Oui, bien des jeunes font des études en France. – Oui, pas mal de jeunes font des études en France.

33. 34. Oui, il parle plus que moi. – Il parle davantage que moi.
35. … n'importe quoi.
36. Je m'en moque / je m'en *fiche, n'importe où.
37. 38. 39. 40. Je jouais avec mes copains. – J'allais chez ma grand-mère. – Je faisais du sport. – Je lisais des bandes dessinées. – Je regardais la *télé. – Je sortais avec mes parents…

UNITÉ 2 • LEÇON 1

Page 28, exercice 1 : **1.** Une personne encourage une autre personne à continuer son récit. – **2.** Et alors? – Elle t'a souri? – Et après? – Et qu'est-ce que tu as fait.
Page 29, exercice 6 : **1.** Sonia est tombée dans l'escalier. Elle s'est cassé la jambe droite, et elle est blessée au visage. **2.** Elle a mal aux dents. Elle s'est déjà cassé un bras. **3.** Hier, elle est allée chez le dentiste. – Elle est à l'hôpital depuis hier soir. – Elle sortira dans deux jours. – Elle s'est déjà cassé un bras l'année dernière, il y a huit mois exactement. – La femme ira à l'hôpital dans une heure. – Sa fille fait de la danse depuis trois mois.
Page 31, exercice 11 : **1.** Les deux personnes sont un policier et un témoin. – **2.** Ils parlent d'un incident qui est arrivé. – **3.** Le témoin a vu une femme qui a poussé un homme. L'homme est tombé.
Page 33, exercice 14 : Qu'est-ce qui intéresse les Français? – Comment s'appellent les articles qui parlent de ces sujets? – Où les Français trouvent-ils des informations sur ces sujets? – Où peut-on trouver des histoires policières? Pourquoi? – Qui est le commissaire Maigret? – Que sait-on de lui? – Qui est l'auteur des aventures du commissaire Maigret? – Quelle est sa nationalité? – Est-ce que le commissaire Maigret est un personnage récent?

• LEÇON 2

Page 34, exercice 1 : **1.** La première personne utilise un mot pour attirer l'attention de l'autre personne. – **2.** Dis donc. – Tiens! – Écoute. – Tu sais.
Page 34, exercice 6 : C'est un village ancien, charmant, où il y a des maisons anciennes et une très vieille église. Il y a aussi une rivière très pittoresque. On peut se promener dans la montagne autour du village et il y a aussi beaucoup de petits commerces qui intéressent les touristes.
Page 35, exercice 8 : La plage.
Page 36, exercice 10 : **1.** Elles parlent d'un bracelet. – **2.** Parce que c'est sa mère qui le lui a donné quand elle était jeune. – **3.** Du bonheur et de la tristesse.
Page 39, exercice 15 : Qu'est-ce qui devient très à la mode en France? – Pouvez-vous expliquer ce qu'est la généalogie? – Que peut-on faire quand on a trouvé beaucoup d'informations sur ses ancêtres? – Pourquoi les Français s'intéressent-ils à la généalogie? – Qu'est-ce que la généalogie permet de découvrir dans le présent? – Que font certaines personnes quand elles découvrent de nouveaux membres de leur famille?

• LEÇON 3

Page 40, exercice 1: **1.** Toutes les personnes demandent un renseignement. – **2.** Vous savez… – Je voudrais savoir… – Pourriez-vous me dire… – Je peux vous demander…
Page 41, exercice 6 : **1.** Les deux personnes sont un peu sourdes.– **2.** Elle dit qu'il a la grippe. – **3.** Je vous demande ce que vous faites ici. – Je vous demande comment vous allez. – Je vous dis que mon mari a la grippe. – Je dis que vous, vous devez être contagieuse! – Je vous demande si vous avez peur de la grippe.
Page 43, exercice 11 : **1.** Les deux hommes parlent de leur entretien avec le directeur. – **2.** Il lui a demandé s'il voulait aller travailler dans l'agence de Bordeaux et il lui a proposé une augmentation de salaire. – **3.** Il lui a demandé ce qu'il comptait faire à la fin de son stage.
Page 45, exercice 14 : Qu'est-ce que les Français adorent? – De quoi parlent-ils? – Où parlait-on beaucoup avant? – De quoi parlait-on? – Et maintenant, où les gens parlent-ils quand ils travaillent? – Que se passe-t-il quand les Français prennent un repas avec des amis? – Est-ce qu'il y a des sujets dont les Français ne peuvent pas parler? – Pourquoi est-ce que tout le monde peut discuter? – Dans quel genre d'émission peut-on voir des gens parler à la télévision? – Qui vient parler en général? – De quoi viennent-ils parler?

• BILAN PAGES 46-47

1. 2. 3. 4. Vraiment? – C'est vrai? – Sérieusement? – Non!
5. J'habite en France depuis six mois, le 1er janvier.
6. Je suis arrivé(e) il y a six mois.
7. Je vais partir dans deux semaines.
8. Il faisait beau et nous avons mangé dans le jardin. / Il a fait beau et nous avons mangé…
9. 10. Il est arrivé à Paris mais l'avion était en retard. / Il est arrivé à Paris, mais l'avion a eu du retard.
11. 12. Les cambrioleurs sont entrés dans le jardin et ont volé ma voiture.
13. 14. J'ai fini mon livre pendant que les enfants jouaient dans le jardin.
15. Oui, je suis témoin.
16. 17. Elle va faire une enquête pour retrouver le criminel / coupable.
18. 19. Elle est innocente. – Elle a un alibi…
20. 21. Bien sûr, c'est le restaurant qui est sur la place, qui est le plus connu, qui ouvre le dimanche, que je pré-

fère, que j'ai découvert la semaine dernière, que tu m'as conseillé…
22. Bien sûr, c'est le restaurant dont tu m'as parlé, dont le serveur est italien…
23. Bien sûr, c'est le restaurant où on mange de bonnes pizzas, où je vais souvent…
24. Je préfère celle qui est au premier étage.
25. Je veux celui dont tu m'as parlé.
26. 27. Ils ont le même nez, la même bouche, les mêmes yeux, le même sourire, les mêmes gestes…
28. 29. Je dis qu'il a l'air très fatigué et je demande s'il est malade.

30. 31. Je vous demande ce que vous allez faire pendant les vacances et si vous partez avec vos amis.
32. 33. Je vous demande où vous allez habiter et quand vous déménagerez.
34. Il m'a dit qu'il était fatigué / qu'il ne pouvait pas venir / qu'il avait une visite…
35. 36. 37. Vous savez / vous ne savez pas / je voudrais savoir /j'aimerais savoir / pouvez-vous me dire / pourriez-vous me dire… où est la place de la République ?
38. 39. 40. Je peux vous poser une question ? – Je peux vous demander quelque chose ? – Vous pouvez me donner un renseignement ?

UNITÉ 3 • LEÇON 1

Page 48, exercice 1 : **1.** Toutes les personnes font des propositions. – **2.** Ça te dirait de… – Ça ne te plairait pas de… – Et si on y allait… – Ce serait sympa de… – Pourquoi ne pas…
Page 49, exercice 6 : **1.** Elle lui propose de changer de bureau. – **2.** Corinne n'a pas du tout envie de changer. – **3.** Il y a une grande fenêtre dans ce bureau, elle aura du soleil, elle pourra même bronzer.
Page 50, exercice 9 : **1.** Ce sont des amis. – **2.** Il aimerait changer de vie, aller en Australie, s'occuper d'animaux dans une ferme. – **3.** Elle pense qu'après quelques mois il aura envie d'aller au restaurant, au cinéma, au concert.
Page 53, exercice 13 : – Que font la plupart des Français ? – Qu'est-ce que Nicolas, Diane et Montaine ont fait ? – Quels ont été leurs deux moyens de transport ? – Où ont-ils habité ? – Quel est l'exploit de Maud Fontenoy ? – Que faut-il pour réussir ces aventures ? – Qui faut-il aussi convaincre ? Et pourquoi ?

• LEÇON 2

Page 54, exercice 1 : **1.** Toutes les personnes demandent un service, de l'aide. – **2.** Tu peux m'aider ? – Ça t'ennuierait de me donner un coup de main ? – Tu ne pourrais pas m'aider ? – Tu veux bien… ?
Page 55, exercice 6 : **1.** Ils sont voisins. – **2.** Il lui demande de laver ses chemises, de les faire sécher et de les repasser. – **3.** Au début elle accepte, mais elle refuse de repasser ses chemises et elle s'énerve.
Page 56, exercice 9 : **1.** La fille a au moins 18 ans (elle conduit). – **2.** La mère demande à sa fille d'acheter le pain, de prendre du sirop pour la toux à la pharmacie et de ranger sa chambre. – **3.** Elle accepte de rendre les deux premiers services parce qu'elle aime conduire la voiture de sa mère et qu'elle peut s'acheter une crème à la pharmacie. Mais elle refuse de ranger sa chambre.
Page 57, exercice 12 : C'est un lave-linge (ou une machine à laver).
Page 59, exercice 14 : Quel est le défaut des Français ? – Quelle est leur qualité ? – Comment les parents aident-ils leurs enfants ? – Les Français sont-ils généreux aussi avec les associations ? – Quels types de dons font-ils ? – Les jeunes donnent-ils de l'argent ? – Comment les personnes entre 30 et 60 ans aident-elles les autres ? – Combien d'argent les plus âgés donnent-ils ? – Quelles sont les associations plus célèbres en France ?

• LEÇON 3

Page 60, exercice 1 : **1.** Toutes les personnes donnent des conseils. – **2.** Tu devrais… – Si j'étais à ta place, je… – Tu pourrais… – Tu te coucherais… tu n'aurais pas…
Page 61, exercice 6 : **1.** Son fils ne lui parle plus. – **2.** Elle est divorcée et elle vit avec son fils. – **3.** Elle lui conseille de l'envoyer chez son père, d'obliger le père à s'occuper de son fils, de parler avec les copains de son fils et d'aller voir un psychologue.
Page 65, exercice 13 : Que représentait le vêtement autrefois ? – Qu'est-ce que le vêtement exprime aujourd'hui ? – Le phénomène est-il identique chez les jeunes ? – Qui sont les « gothiques » ? – Quelle est la particularité des « fashions » ? Quels sont les deux autres styles vestimentaires des jeunes ?

• BILAN PAGES 66-67

1. 2. Ça vous dirait / Ça vous plairait de venir au cinéma avec moi ? – **3.** Ce serait sympa d'aller au restaurant ? – **4.** Pourquoi ne pas aller au restaurant ? – **5.** Et si on allait au restaurant ? – **6. 7. 8. 9.** Tu peux / tu veux bien / tu pourrais / tu ne pourrais pas me donner un coup de main ? – **10. 11.** Ça vous ennuierait / ça ne vous ennuierait pas de garder mes enfants ce soir ? – **12. 13.** J'ai un service à te demander / tu pourrais me rendre un petit service ? – **14.** Je peux t' / vous aider ? – **15.** Tu as / vous avez besoin d'aide ? – **16.** Tu veux / vous voulez un coup de main ? – **17. 18.** C'est pas bête / idiot ça ! – **19. 20.** Ça me dirait / plairait bien de faire une croisière. – **21.** Ah non, je n'ai pas du tout envie de faire une croisière. – **22. 23.** Elle serait assez grande, elle aurait un jardin. Je la peindrais en blanc, j'y mettrais des meubles anciens… – **24. 25. 26.** Ah oui, c'est trop pour moi / je n'y arriverai jamais / c'est au-dessus de mes moyens. – **27.** Bien sûr, il en a besoin / non il n'en a pas besoin. – **28.** J'en suis très content. – **29.** Il s'en sert tous les jours / il ne s'en sert pas. – **30.** Évidemment, j'en suis très fier. – **31. 32.** Tu devrais / tu pourrais déménager ou la réparer. – **33. 34.** Si j'étais toi / si j'étais à ta place je déménagerais… – **35.** Tu mangerais moins, tu ne grossirais pas. – **36.** C'est vrai, s'il avait des enfants il comprendrait. – **37.** Si j'avais le temps, je viendrais plus souvent. – **38.** J'adore, elle est très chic / très branchée. – **39.** Je déteste, elle est ringarde. – **40.** Moi, je m'habille de façon décontractée, branchée, classique…

UNITÉ 4

Page 68, exercice 1 : **1.** La colère – **2.** Ce n'est plus possible. J'en ai assez. – Ça suffit maintenant. Trop c'est trop ! – Je n'en peux plus ! Ça ne peut plus durer ! – J'en ai *marre ! J'en ai *ras le bol de tout ça !

Page 69, exercice 6 : **1.** Elles parlent de la vente de leur maison. – **2.** Il est en colère parce que l'acheteur retarde toujours la date de l'achat. – **3.** Il y a deux semaines, il voulait demander conseil à un ami. La semaine dernière, il souhaitait rencontrer les voisins et aujourd'hui il refuse de signer parce qu'il veut encore réfléchir.

Page 70, exercice 10 : **1.** C'est un couple. – **2.** Elle n'est pas contente parce que son mari ne l'aide pas à la maison. – **3.** Elle voudrait qu'il range ses affaires, qu'il l'aide, qu'il fasse la cuisine de temps en temps et qu'il aille faire les courses.

Page 73, exercice 14 : Qui a écrit ce document ? – À qui a-t-elle écrit ? – Pourquoi a-t-elle écrit ? – Quel âge a son fils ? – Quel est son problème ? – Qu'est-ce que la mère voudrait ? – Le fils est-il d'accord avec sa mère ? – Qu'a-t-elle fait pour essayer de le faire changer ? – Le fils a-t-il peur des dangers du tabac ? – La mère accepte-t-elle qu'il fume à la maison ? – Pourquoi veut-elle que son fils change ses habitudes ? – À qui s'adresse-t-elle dans sa lettre ? – Que demande-t-elle dans sa lettre ? – Son fils est-il sa seule préoccupation ?

Page 74, exercice 1 : **1.** La surprise. – **2.** Non ! Tu plaisantes ? Ah ben ça alors… je n'en reviens pas ! – Non ? Vous voulez rire ? Vous plaisantez ? – Tu rigoles ? –Mon œil ! – Ça alors, je ne peux pas y croire ! C'est inimaginable… tout à fait incroyable !

Page 75, exercice 6 : **1.** Deux collègues de travail. – **2.** Ils vont aller à Bruxelles à une réunion de formation sur l'Union européenne avec tous les collègues du bureau. C'est une décision du patron. – **3.** L'homme n'est pas content car il doit partir en week-end avec une jeune fille et que c'est leur premier rendez-vous.

Page 76, exercice 9 : **1.** Ce sont deux personnes qui vivent ensemble, probablement un couple. – **2.** Elle a rencontré Nadia et elle l'a invitée à passer le week-end avec eux. – **3.** Il n'est pas content parce qu'il n'aime pas qu'elle prenne des décisions comme ça sans lui demander son avis !

Page 79, exercice 14 : Quel est le sujet de cet article ? – Le choix d'un prénom pour un enfant est-il une chose importante ? – Comment les parents le choisissent-ils ? – Quelle était la mode dans les années quatre-vingt ? – Comment s'appellent les petites filles aujourd'hui ? – Comment s'appellent les petits garçons ? – Quels sont les prénoms à la mode ? – Quelle est la règle pour le choix des prénoms en France ?

Page 80, exercice 1 : **1.** Les gens donnent leur avis sur quelque chose ou sur quelqu'un ou demandent l'avis de quelqu'un. – **2.** Je ne suis pas d'accord avec vous ! D'après moi… Personnellement… Je pense que… – Vous êtes d'accord ? Qui est pour ? Je suis contre. Tu as

raison, je suis de ton avis. – Selon moi… Qu'en pensez-vous, madame Leclerc ? Je ne suis pas de votre avis. Pour ma part… Je pense que… – Qu'est-ce que tu en penses ? J'ai tort ? Pour moi, vous avez tort… À mon avis…

Page 81, exercice 6 : **1.** La scène se passe au bureau. Une employée, Mme Lormand, parle avec le directeur. – **2.** Ils parlent de la nouvelle installation du bureau de Mme Lormand. – **3.** Elle souhaite avoir une lampe de plus dans son bureau, travailler face à la fenêtre, avoir un écran d'ordinateur plus grand, changer d'imprimante et avoir une machine à café dans le bureau. – **4.** Pour la lampe et la place du bureau, il est d'accord ; pour le reste, il va réfléchir.

Page 82, exercice 10 : Un couple discute. L'homme doit rentrer tard ce soir mais ils ont invité des amis à dîner. Il faut leur téléphoner pour annuler la soirée, mais ni l'un ni l'autre ne veut le faire.

Page 85, exercice 13 : Combien d'heures par semaine les salariés français travaillent-ils ? – Est-ce que tout le monde pense que c'est bien comme ça ? Pourquoi ? – Les hommes politiques sont-ils tous du même avis ? – Que pensent les Français en général des 35 heures ? – Que font-ils de leur temps libre ? – Combien de temps ont-ils chaque année pour les vacances ? – Pensent-ils que c'est trop ? – À quelles occasions peuvent-ils encore avoir quelques jours de congé ?

1. 2. 3. 4. – Ce n'est plus possible ! / Ça suffit ! / Trop c'est trop ! / Ça ne peut plus durer ! / J'en ai assez ! / Je n'en peux plus ! / J'en ai *ras le bol ! / J'en ai *marre !
5. Ne t'énerve pas !
6. qu'on aille à la mer / qu'on parte à la montagne / qu'on fasse le tour du monde…
7. qu'on aura du beau temps / qu'on rencontrera des gens *sympas / qu'on verra des choses intéressantes…
8. je voudrais / j'aimerais / je souhaite / j'ai envie d' /de… aller à la campagne / faire du sport…
9. 10. que tu apprennes les leçons / que tu écoutes les cassettes / que tu parles français / que tu fasses des exercices…
11. 12. 13. 14. C'est incroyable ! / C'est inimaginable ! / C'est fou ! / Ce n'est pas vrai ! / Ce n'est pas possible ! / *Pas possible ! / Je n'en reviens pas ! / Je ne peux pas y croire !
15. 16. Tu rigoles ? / Tu plaisantes ? / Tu veux rire ?
17. 18. 19. faire du sport / dormir / sortir avec des amis / aller au restaurant / prendre un verre avec des copains…
20. de sortir le soir / de rester seul à la maison / de faire les magasins…
21. 22. viennent chez moi / m'invitent au restaurant / arrivent en retard / soient gentils / aient des secrets pour moi…
23. je suis triste / heureux / désolé / déçu… de partir.
24. J'ai horreur / peur / envie… de partir.
25. À mon avis / d'après moi / selon moi.
26. Personnellement, / pour ma part / pour moi.
27. 28. Je suis de ton avis / je ne suis pas de ton avis / je suis d'accord avec toi / je ne suis pas d'accord avec toi.
29. je suis contre.
30. qu'elle vienne. **31.** qu'elle viendra. **32.** qu'elle viendra. – **33.** qu'elle vienne.

34. 35. Tu sais ce qui s'est passé? / Tu sais ce qui est arrivé? / Tu ne devineras jamais ce qui s'est passé. / Tu connais la nouvelle? / *Tu sais quoi?
36. 37. Tu sais ce qui m'est arrivé? / Tu ne devineras jamais ce qui m'est arrivé! / Tu connais la dernière? / Tu connais la nouvelle? / *Tu sais quoi?

38. Qu'est-ce que tu as envie / horreur / peur… de faire?
39. Qu'est-ce que tu espères?
40. Qu'est-ce qu'il faut / il est nécessaire / il est possible … que tu fasses?

UNITÉ 5   • LEÇON 1

Page 88, exercice 1 : **1.** Tu l'as déjà invitée quelque part? – Il y a encore quelqu'un dans la salle de réunion? – Tu as toujours quelque chose à faire le samedi? – Vous jouez encore au golf quelquefois?
2. Deux informations.
Page 89, exercice 6 : **1.** Deux collègues de bureau. – **2.** Elles parlent d'une commande de matériel de bureau. – **3.** Je n'ai encore rien envoyé – On n'a plus rien pour l'imprimante – Jamais personne ne signale… – On ne sait jamais rien – Je n'en trouve jamais nulle part.
Page 91, exercice 10 : **1.** Ils parlent du sport à la télévision. – **2.** Il est étonné parce que son ami ne regarde jamais le sport à la télévision.
Page 93, exercice 13 : Pourquoi peut-on penser que les Français sont plus sportifs qu'avant? – Depuis combien de temps la pratique du sport se développe-t-elle en France? – Quelle activité sportive est devenue très populaire? – Qui la pratique? Pourquoi? – Pourquoi pense-t-on qu'il faut faire du sport? – Quels exemples de sports individuels donne-t-on dans le texte? – Quand est-on sûr de pouvoir rencontrer des gens qui pratiquent le footing? – Quel est le sport collectif le plus pratiqué en France? – Les résultats de l'équipe de France sont-ils bons? – Ce sport détient un autre record, lequel?

• LEÇON 2

Page 94, exercice 1 : **1.** L'une des personnes qui parle s'assure que l'autre comprend bien ce qu'elle dit. – **2.** C'est clair? Vous comprenez? – Tu me suis? – C'est bon? Vous voyez? – Tu saisis?
Page 95, exercice 6 : **1.** Parce qu'elle a eu un accident. – **2.** Elle a eu un accident avec son vélo. Elle était sur la piste cyclable et, au carrefour, elle est passée par le tunnel, mais il y avait de l'eau. Alors, elle a dû prendre l'autre piste, celle qui va dans l'autre sens normalement et elle a eu un accident avec une moto. – **3.** Du coup – donc – alors – c'est pourquoi.
Page 97, exercice 10 : **1.** Un journaliste et une étrangère. – **2.** Il veut savoir si elle connaît bien la France et ce qu'elle aime dans ce pays. – **3.** Elle aime beaucoup l'île de la Cité et l'île Saint-Louis à Paris.
Page 99, exercice 13 : Est-ce qu'il y a beaucoup de monuments en France? – Qu'est-ce que les Français pensent de ces monuments? – Quels sont les plus anciens? – Quel exemple de monument moderne est cité dans le texte? – Pourquoi ces monuments sont-ils importants pour le pays? – Qu'est-ce qui se passe pendant la Journée du patrimoine? – Que peut-on dire de la tour Eiffel? – Quel type de monument peut-on visiter en France? – Lesquels sont très anciens?

• LEÇON 3

Page 100, exercice 1 : **1.** Des personnes parlent du fonctionnement de quelques machines. – **2.** Et à quoi ça sert? – Comment ça marche? Tu me montres comment on s'en sert? – Il n'y avait pas le mode d'emploi. Ce monsieur va vous expliquer comment ça fonctionne. – Vous savez comment on utilise ce distributeur? Ça ne marche pas.
Page 101, exercice 6 : **1.** Les deux personnes sont un grand-père et son petit-fils. – **2.** Ils parlent d'un tourne-disque. – **3.** Il faut tourner la manivelle une dizaine de fois, poser le disque sur le plateau, placer l'aiguille sur le disque et écouter.
Page 102, exercice 9 : **1.** Les deux personnes sont des colocataires. – **2.** La jeune fille n'est pas contente parce qu'il y a toujours des choses inutiles qui traînent dans l'appartement. – **3.** Il l'invite au restaurant pour lui remonter le moral.
Page 105, exercice 14 : Est-ce que tous les gens ont la même attitude avec les objets? – Qui est Ferdinand Cheval? – Est-il un collectionneur traditionnel? – Quelle était sa profession? – À quoi s'intéressait-il? – Que faisait-il avec ce qu'il rapportait à la maison? – Pendant combien de temps a-t-il travaillé sur son projet? – Comment s'appelle ce projet? – Qu'est-ce que c'est? – Où habitait le facteur Cheval? – Comment son palais idéal est-il utilisé aujourd'hui?

• BILAN PAGES 106-107

1. Non, je n'ai encore rien bu. – **2.** Je ne vais jamais nulle part. – **3.** Personne n'a plus de questions. – **4.** Rien n'a encore poussé. – **5.** Je n'ai vu aucun film indien / je n'en ai vu aucun. – **6.** Aucun n'est venu. – **7.** Je ne connais aucune de vos filles. / Je n'en connais aucune. – **8.** Il est en forme / il est en pleine forme. – **9.** Les sports collectifs. – **10. 11. 12. 13.** … donc / alors / c'est pourquoi / du coup / résultat: il est heureux. – **14. 15.** Il est tellement / si intelligent qu'il comprend tout. – **16. 17.** Il travaille tellement / tant qu'il est fatigué. – **18. 19.** Il a tellement d' / tant d'amis qu'il n'est jamais seul. – **20.** … pour aller à Paris. – **21.** … pour qu'ils soient / deviennent musiciens. – **22. 23.** Pour partir en vacances / pour que ses enfants puissent partir en vacances. – **24. 25.** Pour prendre l'air / pour qu'on fasse le ménage. – **26.** Vous avez déjà fait quelque chose? – **27.** Il y a toujours quelqu'un dans cette boutique? – **28.** Vous pratiquez un sport? – **29. 30. 31. 32. 33. 34.** Vous comprenez? / Vous saisissez? / Vous voyez? / Vous me suivez? / C'est clair? / C'est bon? – **35.** À quoi ça sert? – **36. 37. 38. 39.** Comment ça marche? / Comment ça fonctionne? / Comment on s'en sert? / Comment ça s'utilise? – **40.** Pourquoi il a fait / dit… ça?

N° d'éditeur : 10168825 - Août 2011 - Imprimé en France par Hérissey à Évreux (Eure) - N° 117143